少年读诸子百家

少年读道德经

李 楠 主编

民主与建设出版社
·北京·

© 民主与建设出版社，2020

图书在版编目（CIP）数据

少年读道德经 / 李楠主编 . -- 北京：民主与建设
出版社，2020.7

（少年读诸子百家；1）

ISBN 978-7-5139-3074-1

Ⅰ.①少… Ⅱ.①李… Ⅲ.①道家②《道德经》—少
年读物 Ⅳ.① B223.1-49

中国版本图书馆 CIP 数据核字（2020）第 102747 号

少年读道德经
SHAONIAN DU DAODE JING

主　编	宋立涛	
责任编辑	刘树民	
总 策 划	李建华	
封面设计	黄　辉	
出版发行	民主与建设出版社有限责任公司	
电　话	（010）59417747　59419778	
社　址	北京市海淀区西三环中路 10 号望海楼 E 座 7 层	
邮　编	100142	
印　刷	三河市燕春印务有限公司	
版　次	2020 年 8 月第 1 版	
印　次	2020 年 8 月第 1 次印刷	
开　本	850mm×1168mm　1/32	
印　张	5 印张	
字　数	133 千字	
书　号	ISBN 978-7-5139-3074-1	
定　价	198.00 元（全六册）	

注：如有印、装质量问题，请与出版社联系。

　　《道德经》《老子》又名《老子》《老子五千文》，是中国古代重要的哲学著作。旧题春秋末期老子所作。

　　老子（约公元前 571 年—约公元前 471 年），姓李名耳，字聃，一字伯阳，或曰谥伯阳。春秋末期楚国苦县（今河南鹿邑东）厉乡曲仁里人，曾做过周朝藏书室中管理图书的史官。中国古代思想家、哲学家、文学家和史学家，道家学派创始人和主要代表人物，与庄子并称"老庄"。后被道教尊为始祖，称"太上老君"。

　　《道德经》中《道经》在前，分三十七章；《德经》在后，分四十四章，共八十一章。各章都从不同角度围绕着"道"这个核心展开论述。文句长短不一，但多有对偶句，以古音读之，大致和韵。

　　《道德经》中的哲学思想是围绕"道"这个核心范畴而展开的，书中还包括有极丰富的辩证法思想，认为天地间万事万物存在着相互矛盾的两个对立面。

　　《道德经》最先把"道"作为天地万物存在的本质，又树立了一个朴素辩证法体系，对历代思想家产生过深刻的影响。同时，对中国文学、政治、军事等方面也都产生过巨大影响。

　　《道德经》自问世以来，注者蜂起，众说纷纭。由于《道德经》

表述含蓄隐讳，正言若反，以辩证思维揭示了普遍存在于自然、社会、人事的矛盾对立转化规律，因此，触动了不同的学科领域，产生了广泛的社会联想。所以，《道德经》一书，有说是权谋之书，有说是兵法之书，有说是气功之书；而后来的道教甚至将《道德经》列为《道藏》诸经之首，又成为宗教之书，并且各有注本、专书广为传播。

其实，老子生活在战国，与百家诸子一样，关注的都是天下、国家、社会、民生的诸多现实问题。不同的是，他提出了道的哲学观念，借助天道，统辖人道，在杨朱理论的基础上，进一步论述阐发慈爱贵柔，俭啬收敛，谦下不争，反对圣智仁义，主张无为而治，"道法自然"以达到贵生为我、韬晦自保、否定传统、顺应自然的目的，建立了自己独特的道家理论体系。因此，《老子》虽然论述规律，并非权谋之书；《道德经》明确反对战争，并非兵法之书；《道德经》讲解修身之道，并非气功之书；《道德经》完全否定天命，更不是宗教之书。但是，从阐述矛盾对立转化的客观规律来说，《道德经》又与上述诸多领域所论述的问题密切联系。我们认为，从表述的内容、构建的理论来看，《道德经》在本质上是先秦道家的一部代表性著作。至于《道德经》的文句和思想被其他学科领域引用发挥，那是另外的问题了。

既然如此，我们必须把《道德经》放在战国时期特定的历史环境中去认识考察，切实从《道德经》文本出发研究问题，理解意义，既要实事求是地肯定其思想成果，又要认真分析其时代局限，进而汲取有益的思想营养，弘扬优秀的传统文化。

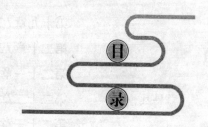

第一章

题解

本章是道的总论，也是全书的总纲。

道，是老子提出的一个重要哲学观念，是贯穿于全书的一条思想纽带。老子认为，道体玄妙幽深，蕴涵宽泛丰富。人们对道并非生而知之，而是后天逐步进行探索、认识，才能有所了解、感悟，因此是可以阐述和解说的。但是，人们的探索是渐进的，认识是主观的，阐述是非系统的，解说是有局限的，与作为客观本体的道的玄妙幽深和丰富内涵还有相当距离，并不等于道所具有的全部内涵、外延、情态和性状。要想全面彻底地掌握道的真知，还需要一个长期不断的探索过程，所以说，"道可道，非常道"。

同样，既然道本无名，道是由人们勉强命名的，那么，所命之名只是仅就道的某一特征为理据，或大或小，或远或反，都不足以完全概括道的内涵、外延、情态和性状，所以说，"名可名，非常名"。

原文

道可道，非常道①；名可名，非常名②。无③，名天地之始④；有⑤，名万物之母⑥。故常无，欲以观其妙⑦；常有，欲以观其徼⑧。

此两者，同出而异名，同谓之玄⑨。玄之又玄，众妙之门⑩。

注释

①道可道，非常道：道是可以阐述解说的，但是并非完全等同于浑然一体、永恒存在，而又运动不息的那个大道。前一"道"，名词，指浑然

1

一体的宇宙本体、永恒存在的天地万物之源、运动不息而又对立转化的规律和法则。后一"道",动词,阐述,解说。常道,指浑然一体、永恒存在、运动不息的大道。

②名可名,非常名:道名也是可以命名的,但是并非完全等同于浑然一体、永恒存在、运动不息的道之名。前一"名",名词,道之名。后一"名",动词,命名,称谓。常名,指浑然一体、永恒存在、运动不息的道之名。

③无:指道。

④天地之始:天地的本初。

⑤有:指由道而产生的万物。

⑥万物之母:万物的本原,即无名之道是天地的本初。天地混沌初开,然后有万物的产生,才能制名,而道正是天下初始和万物产生的源头和动力,即母体。

⑦欲:将。妙:微妙。

⑧徼:边际。

⑨玄:玄妙幽深。

⑩众妙之门:天地万物变化的总源头。

译文

道是可以阐述解说的,但是并非完全等同于浑然一体、永恒存在、运动不息的大道;道名也是可以命名的,但是并非完全等同于浑然一体、永恒存在、运动不息的道之名。无,称天地的初始;有,称万物的本原。因此,从常无中,将以观察道的微妙;从常有中,将以观察道的边际。

这无、有二者,同出于道而名称不同,都可谓玄妙幽深。玄妙而又玄妙,正是天地万物变化的总源头。

本章讲述了相反相成、互相转化的道理，重在治国。

美一恶、善一不善、有一无、难一易、长一短、高一下、音一声、前一后等，都是相反相成的概念，离开前者则后者不存在，离开后者则前者不成立，在互相对立中互相依赖、互相补充；同时，二者的关系又不是绝对的，比较而言，可以转化，这是来于自然的重要启示，是道的永恒规律。圣人正是掌握了这个规律，因此，"处无为之事，行不言之教"，一切顺应自然的发展，而不加入自己的意志和私欲。只有"不为始""弗有""弗恃""弗居"，才能得到"不去"的结果。这种"功成而弗居"的不争思想，有利于治国。

原 文

天下皆知美之为美，斯恶已①；皆知善之为善，斯不善已。

有无相生②，难易相成③，长短相形④，高下相倾⑤，音声相和⑥，前后相随⑦，恒也⑧。

是以圣人处无为之事⑨，行不言之教⑩；万物作而弗始⑪，生而弗有⑫，为而弗恃⑬，功成而弗居⑭。夫唯弗居，是以不去⑮。

注 释

①斯恶已：就显露出丑了。斯，则，就。恶，丑陋，与美相反。已，表肯定的语气词，相当于"了"。

②相生：互相依存。生，存。

3

③相成：相反相成。成，成就。

④形：比较，显现。

⑤倾：侧，依靠。

⑥音声相和：音与声互相和谐。音，组合音。声，始发声。和，和谐。

⑦随：跟随。

⑧恒：永恒。

⑨圣人处无为之事：圣人用无为的方式处事。圣人，老子所理想的具有道行的统治者。无为，不妄为，顺其自然，无为而治。

⑩不言：不用言词，不用发号施令。

⑪万物作而弗始：万物兴起而不首倡。作，兴起。始，首倡。

⑫有：占有。弗：不。

⑬恃：倚仗，依赖。

⑭居：当，任，据。

⑮去：离。与"居"相反。

译文

天下人都知道美之所以为美，就显露出丑了；都知道善之所以为善，就显露出不善了。

有与无互相依存，难与易相反相成，长与短互相比较，高与下互相依靠，音与声互相和谐，前与后互相跟随，这是永恒的现象。

因此，圣人用无为的方式处事，实行不言的教化；万物兴起而不首倡，生养万物而不占有，培育万物而不倚仗，功业成就而不居功。正因为不居功，因此他的功业不会泯没。

第三章

题　解

本章阐发无为而治的思想，重在治国。

老子认为，现实社会中统治者崇尚贤能、占有珠宝、炫耀物欲，是扰乱人心、造成动乱的根源，因此，必须坚决杜绝。所以，圣人治理天下，只关心百姓的饮食身体，要削弱百姓的精神意志，使聪明人都不敢有所作为，这样，没有奸诈和贪欲，回归到质朴淳厚的状态，才能无为而治。

历来认为，老子鼓吹愚民思想，其实他是反对现实社会的物欲横流和道德沦丧，因此主张消除奸诈智慧和贪婪私念，即所谓"虚其心""弱其志"，认为只有恢复纯朴的民风，国家才能大治，这正是老子的社会政治理想。

原　文

不尚贤①，使民不争；不贵难得之货②，使民不为盗；不见可欲③，使民心不乱。

是以圣人之治，虚其心④，实其腹⑤，弱其志⑥，强其骨⑦。常使民无知无欲⑧，使夫智者不敢为也⑨。为无为⑩，则无不治。

注　释

①尚贤：崇尚贤能之人。贤，贤能之人。"尚贤"是墨家的主张。

②难得之货：指珠玉宝器。

③不见可欲：不炫耀贪欲的事物。见，同"现"，显现，炫耀。可欲，贪欲的事物。

④虚：空虚而无欲。

⑤实：充实，满足。

⑥弱：削弱，减损。

⑦强：增强，强健。

⑧无知无欲：没有心智，没有欲望。

⑨不敢为：不敢有所作为。

⑩为无为：以无为的方式行事，即以顺应自然的方式处理事务。

译 文

在上者不崇尚贤能之人，使百姓不争夺；不珍贵难得的财货，使百姓不为强盗；不炫耀贪欲的事物，使百姓思想不惑乱。

因此，圣人治理天下，要空虚百姓的心灵，满足百姓的饮食，削弱百姓的意志，强健百姓的筋骨。永远使百姓没有奸诈的心智，没有贪婪的欲望，使那些聪明的人不敢有所作为。用无为的方式处理事务，那么天下就没有不大治的。

第四章

题 解

本章指出道空虚深邃，用之不竭，重在论道。

道深邃而隐秘，无形而实存。作为万物的宗主，早在天帝之前已经产生，是天地之始、万物之母、本初元尊，至高无上，实为宇宙自然的本体和规律。

原 文

道冲①，而用之或不盈②。渊兮③，似万物之宗。湛兮④，似或存⑤。吾不知谁之子，象帝之先⑥。

注 释

①冲：本为"盅"。引申为空虚。

②不盈：不盈满。盈，充盈，充实。

③渊：深邃。

④湛：没，隐秘。

⑤或：有。

⑥象帝之先：好像在天帝之前。象，好像。帝，天帝。

译 文

道是空虚的，然而使用它或许不会穷尽。深邃啊！好像万物的宗主；隐秘啊！又好似实有而存在。

我不知道它是谁家之子，好像是在天帝之前。

7

第五章

题 解

本章讲述天地不仁的道理，重在治国。

天地按照自己的规律运行，春夏秋冬，雨雪风霜，无爱无憎，无恩无怨，公平对待万物；圣人也按照天道的规律治国，顺应自然，清静无为，无爱无憎，无恩无怨，公平对待百姓。正如第五十六章曰："故不可得而亲，不可得而疏；不可得而利，不可得而害；不可得而贵，不可得而贱，故为天下贵。"如此则天道运行，空虚而永不衰竭，循环而永不止息。而现实社会中统治者却发号施令，横征暴敛，穷兵黩武，生灵涂炭，表面上有所作为，实际上胡作非为。因为违背了天道规律，所以屡次失败，应该回到虚静无为的天道规律上来。显然，老子反对多言，多言即有为；主张不言，不言即无为。这种思想贯穿于全书。

原 文

天地不仁①，以万物为刍狗②；圣人不仁，以百姓为刍狗。

天地之间，其犹橐籥乎③？虚而不屈④，动而愈出。

多言数穷⑤，不如守中⑥。

注 释

①仁：指儒家的仁爱，源自家族血缘的孝悌之亲，即等差之爱。

②刍狗：用草扎成的狗，用来作为祭品。天地对于万物也是无憎无爱，顺应自然，按照规律运行，因此，"万物为刍狗"。

③橐籥：风箱。由两部分构成，橐，装气的口袋；籥，通气的竹管。

④屈：竭，尽。

⑤多言数穷：政令繁多而屡次失败。"多言"与"不言"相反，指政令繁多。数穷，屡次失败。

⑥守中：持守虚静。

译 文

天地没有偏爱，把万物像刍狗一样对待，全凭万物自然生长；圣人没有偏爱，把百姓像刍狗一样对待，全靠百姓自己成长。

天地之间，岂不像风箱吗？空虚却不竭尽，鼓动起来风吹不息。

政令繁多而屡次失败，还不如坚守空虚无为。

第六章

题 解

本章以谷神为喻，赞美大道，重在论道。

老子认为，道如同谷神、玄牝——微妙的母体、天地的根本，空虚不盈，永不停息，孕育和生养了万物；生生不已，绵延不绝，运动不止而不知辛劳。这是对道的赞美，也是对伟大母性的颂歌！

原 文

谷神不死①，是谓"玄牝"②。玄牝之门，是谓天地根。绵绵若存③，用之不勤④。

注 释

①谷神：即指道——生养天地万物的神灵。谷，养。

②玄牝：微妙的母体。

③绵绵若存：绵延不绝好像永远存在着。

④勤：辛劳，倦怠。

译 文

道——生养天地万物的神灵永远不停息，这是微妙的母体。微妙的母性之门，就是天地的根源。绵延不绝好像永远存在，运行而不知倦息。

第七章

题 解

本章由天地不自生，阐发了谦下思想，重在修身。

表面上，"不自生"与"长久"是互相矛盾的；实际上，"不自生"与"长久"是密切相关的，如果自生就必然不长久。同样，要想"身先"，必须"后其身"；要想"身存"，必须"外其身"，这就是矛盾对立转化的辩证法。老子认识到这个谦下的法则，所以说："以其无私，故能成其私。"

原 文

天长地久。天地所以能长且久者，以其不自生①，故能长生②。

是以圣人后其身而身先③，外其身而身存④。以其无私，故能成其私⑤。

注 释

①不自生：不为自己而生。

②生：当作"久"，与前文相应。

③后其身而身先：把自身置于众人之后，却能得到大家的推崇而占先。

④外其身而身存：把自身置于度外，却能保存自己。

⑤成其私：成就自己。

译 文

天地是长久存在的。天地所以能够长久存在，是因为天地不为自己而生，所以能够长久。

因此，圣人把自身置于众人之后，却能得到大家的推崇而占先；把自身置于度外，却能保存自己。因为他无私，所以能够成就自己。

第八章

题解

本章以水为喻，论述谦下不争之道，重在修身。

水，柔静温和，滋养万物，从不争夺，甘于卑下，这正与天道相吻合。因此，老子认为，最好的人应该像水一样为人处世，才能没有过错。所以，老子将谦下不争视为立身之本。

原文

上善若水①。水善利万物而不争，处众人之所恶②，故几于道③。

居善地④，心善渊⑤，与善仁⑥，言善信⑦，政善治⑧，事善能⑨，动善时⑩。

夫唯不争，故无尤⑪。

注释

①上善若水：上善之人如同水一样。

②所恶：厌恶的地方。指低洼之处。

③几于道：近于道。

④居善地：居住低洼之地。第三十九章曰："贵以贱为本，高以下为基。"第六十六章又曰："江海所以能为百谷王者，以其善下之。"因此，低洼之地就是善地。

⑤心善渊：思虑深邃宁静。

⑥与善仁：交接善良之人。

⑦言善信：说话遵守信用。

⑧政善治：为政精于治理。

⑨事善能：处事发挥特长。

⑩动善时：行动把握时机。

⑪尤：过失。

译 文

上善的人如同水一样。水滋养万物而不与之争夺，汇聚在人们厌恶的低洼之地，因此，近于大道。

他居于低洼之地，思虑深邃宁静，交接善良之人，说话遵守信用，为政精于治理，处事发挥特长，行动把握时机。

正因为不争夺，所以没有过失。

第九章

题 解

本章论述俭啬自保之道，重在养生。

贪图禄位，私欲满盈，就会贻害无穷，因为，物壮则老，盛极则衰。恃才傲物，锋芒毕露，就会受到挫折，因为，众叛亲离，不能长保。金玉是难得之货，必然引起争夺；富贵是众人所求，必然招致祸患。所以，只能功成身退，敛身自保，才是正确的养生之道，这就如同大自然四季交替、周而复始的运行规律一样。

原 文

持而盈之[1]，不如其已[2]；揣而锐之[3]，不可长保。金玉满堂，莫之能守[4]；富贵而骄，自遗其咎[5]。功遂身退，天之道也[6]。

注 释

①持而盈之：把持而使它满盈。

②已：停止。

③揣而锐之：捶击而使它锐利。

④莫之能守：没有谁能守护。

⑤咎：灾祸。

⑥功遂身退，天之道也：功成身退，是自然的规律。遂，成。天之道，自然的规律，指四季的运行交替。

译 文

　　把持而使它满盈，不如趁早停止；捶击而使它锐利，不能保持长远。金玉满堂，没有谁能守护；富贵而骄，自己招致祸患。功成身退，这是自然的规律。

第十章

题解

本章论述人生修养，重在修身。

灵魂对人是内在的，没有灵魂则形亡。"载营魄"是灵与肉的结合，意在重生；大道对人是外在的，违背大道则身亡；"抱一"是身与道的结合，意在重道，所以，守护灵魂与坚守大道必须紧密结合，不能分离。在此基础上，要像婴儿般平和宁静，品德质朴纯洁，处事清静无为，形貌柔弱卑下，态度谦虚恭敬。这些都是老子强调的人生修养，也就是道对人生各个方面的具体要求。

原文

载营魄抱一①，能无离乎？专气致柔②，能如婴儿乎？涤除玄鉴③，能无疵乎④？爱民治国，能无为乎？天门开阖⑤，能为雌乎⑥？明白四达⑦，能无知乎？

注释

①载营魄抱一：守护灵魂与坚持大道。载，加，持。营魄，魂魄，灵魂。抱一，坚守大道。一为"道"。

②专气致柔：聚合精气，归于柔顺。专，聚合。致，归。

③玄鉴：微妙的心境。

④疵：瑕疵，缺点。

⑤天门：人体天生的自然门户，即《荀子·正名篇》所说的"天官"，指目、耳、口、鼻、心等。开阖：感官的动作行为，指视、听、言、食、嗅、喜、怒、爱、憎等。

⑥雌：比喻柔弱宁静。

⑦明白四达：通达四方。

译文

守护灵魂与坚持大道，能够互不分离吗？聚合精气归于柔顺，能够像婴儿一样吗？洗涤微妙的心境，能够没有瑕疵吗？爱民治国，能够顺应自然吗？感官活动，能够坚守宁静吗？通达四方，能够自己认为无知吗？

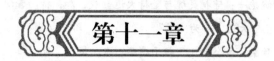

题　解

本章说明"有"与"无"、"利"与"用"的辩证关系，重在论道。

有车轮而无车毂的中空，不能用；有陶器而无陶器的中空，不能用；有房舍而无门窗的中空，不能用。也就是说，器物实体这个"有"，只是提供便利的条件；器物中空这个"无"，才是发挥作用的关键。这些现实生活中的事例，何止千万！显然，"有"与"无"是辩证统一、互相依存的，二者缺一不可。而老子更强调的是空虚不盈的作用，提醒人们注意。

原　文

三十辐共一毂①，当其无②，有车之用。埏埴以为器③，当其无④，有器之用。凿户牖以为室⑤，当其无⑥，有室之用。故有之以为利⑦，无之以为用⑧。

注　释

①辐：辐条，车轮上连接车毂与轮圈的木条。毂：车轮中心有圆孔的圆木，其中插轴。

②无：这里指车毂中心的圆孔。

③埏埴：制陶。埏，用水和土。埴，制陶的黏土。

④无：这里指陶器中空。

⑤户牖：门窗。

⑥无：这里指门窗中空。

⑦利：便利。

⑧用：作用。

译 文

三十根辐条汇集到一个车毂上，有了车毂的中空，才能具有车的作用。把黏土放进模具做成器皿，有了器皿的中空，才能具有器皿的作用。开凿门窗以为房舍，有了门窗的中空，才能具有房舍的作用。因此，有了器物可以带来便利，器物中空才能发挥作用。

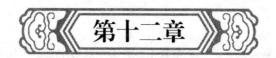

第十二章

题解

本章论述了物欲横流的危害，重在养生。

进入文明时代，随着生产力的发展，为社会提供了愈来愈多的生活资料。与此同时，声色犬马，金玉珠宝，也对人产生了极大的感官刺激和心理诱惑。统治者横征暴敛，穷奢极欲，纵情声色，道德沦丧，给社会、人生带来极大的危害。因此，老子坚决反对物欲横流，提出"为腹不为目"的极端主张。庄子更认为："擢乱六律，铄绝竽瑟，塞师旷之耳，而天下始人含其聪矣；灭文章，散五采，胶离朱之目，而天下始人含其明矣；毁绝钩绳，而弃规矩，攦工倕之指，而天下始人有其巧矣；削曾、史之行，钳杨、墨之口，攘弃仁义，而天下之德始玄同矣。"（《庄子·胠箧》）几乎到了毁弃一切文明成果的程度。今天看来，他们的主张固然有些偏激，但是，其合理的因素是不容忽视的，依然有着重要的现实意义。

原文

五色令人目盲①，五音令人耳聋②，五味令人口爽③，驰骋畋猎令人心发狂④，难得之货令人行妨⑤。

是以圣人为腹不为目⑥。故去彼取此⑦。

注释

①五色：青、黄、赤、白、黑，泛指多种颜色。

②五音：宫、商、角、徵、羽，泛指多种音乐。

③五味：甜、酸、苦、辣、咸，泛指多种味道。爽：伤，败。

④畋猎：打猎。

⑤妨：伤害。

⑥为腹不为目：只为温饱生存，不求纵情声色。目，代称色、音、味、畋猎、宝货等诸多欲望诱惑。

⑦去彼取此：抛弃物欲，只要温饱。

译 文

　　五色缤纷使人眼瞎，五音繁乱使人耳聋，五味混杂使人口伤，纵马驰骋围猎使人内心疯狂，金玉宝物使人德行败坏。

　　因此，圣人只为温饱生存，不求纵情声色。所以，要抛弃物欲，只求温饱。

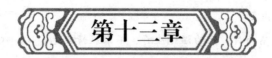

第十三章

题 解

本章论述贵身爱身之道，重在修身。

得宠则喜为上，受辱则悲为下，本是世人常情，然而老子却认为得到宠辱和失去宠辱，都感到惊恐，的确发人深省！在老子看来，宠也罢，辱也罢，都是因名利之类的身外之物而造成的后果，都会由此带来祸患，即有祸患是因为有私利，无私利则无祸患，因此，作为行道者应该无私无欲，清静无为，知足不辱，知止不殆。如果有了宠辱之类的情况发生，就会惊恐不安，反身自责，所以，抛弃私利，贵身爱身才是为道根本。只有贵身爱身，才能全性保真，傲然独立，维护自己的人格和自尊，遵循自然规律，承担大任。

原 文

宠辱若惊①，贵大患若身②。

何谓宠辱若惊？宠为上，辱为下；得之若惊，失之若惊③，是谓宠辱若惊。

何谓贵大患若身？吾所以有大患者，为吾有身；及吾无身，吾有何患④？

故贵以身为天下，若可寄天下；爱以身为天下，若可托天下⑤。

注 释

①宠辱若惊：得宠和受辱就感到惊恐不安。若，则，就。

②贵大患若身：重视自己的身体如同重视祸患一样。联系下文，意在

22

强调重视自己的身体，所以提前。若，如。

③得之若惊，失之若惊：得到宠辱感到惊恐，失去宠辱也感到惊恐。

④吾所以有大患者，为吾有身；及吾无身，吾有何患：我之所以有大祸患，是因为我有自身的私利；如果我没有自身的私利，我还有什么祸患？及，若，如果。

⑤故贵以身为天下，若可寄天下；爱以身为天下，若可托天下：说明贵身、爱身是能够寄托天下的关键。贵身爱身，就是贵己为我，全性保真。唯有如此，就不会轻身徇物，放纵私欲，才能爱惜他人生命，遵循自然规律，各安其居，各乐其俗。

译 文

得宠和受辱就感到惊恐不安，重视自己的身体如同重视祸患一样。

为什么说得宠和受辱就感到惊恐不安？得宠为上，受辱为下；得到宠辱感到惊恐，失去宠辱也感到惊恐，这就是说，得宠和受辱都会感到惊恐不安。

为什么说重视自己的身体如同重视祸患一样？我所以有祸患，是因为我有自身的私利；如果我没有自身的私利，我还有什么祸患？

因此，以珍贵自身的思想治理天下的人，就可以寄托天下；以爱惜自身的思想治理天下的人，就可以委托天下。

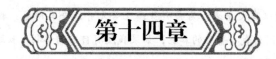

第十二章

本章描述道的形象，强调道的重要，重在论道。

道，混沌一体，无边无际，无形无象，不可名状，是人们凭着感官知觉（视、听、触）无法具体触及的，但又似无实有，无处不在。人们只要掌握了古有之道的规律和法则，就可以认识宇宙的始终，治理当今社会。

原 文

视之不见，名曰"夷"①；听之不闻，名曰"希"②；搏之不得③，名曰"微"④。此三者不可致诘⑤，故混而为一。其上不皦⑥，其下不昧⑦，绳绳兮不可名⑧，复归于无物⑨。是谓无状之状，无物之象，是谓"惚恍"⑩。迎之不见其首，随之不见其后。

执古之道，以御今之有⑪。能知古始⑫，是谓道纪⑬。

注 释

①夷：《经典释文》曰："钟会云：'灭也，平也。'"即无形。

②希：《经典释文》曰："希，疏也，静也。"即无声。

③搏：抚，拍。

④微：《经典释文》曰："细也。"即无形体。

⑤诘：讯问。

⑥皦：洁白，光明。

⑦昧：阴暗。

⑧绳绳：无边无际。

第十四章

⑨复归于无物：还原为没有物态。复归，还原。无物，无形态。

⑩惚恍：似有似无，茫然不定。

⑪以御今之有：用来驾驭当今的具体事物。

⑫古始：宇宙的初始。

⑬道纪：道的纲纪。

 译 文

看却看不着，叫做"夷"；听却听不着，叫做"希"；拍却拍不着，叫做"微"。这三者不可推问，因此混沌为一体。它的上面不光明，它的下面不阴暗，无边无际啊不可名状，最终还原为没有物态。这就是没有形状的状，没有物象的象，称作惚恍。迎着它看不见它的前头，追随它看不见它的后背。

把握古有之道，用来驾驭当今的具体事物。能够了解宇宙的初始，就称为道的纲纪。

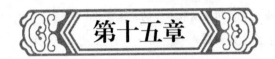

第十五章

本章以诗的语言，描述了行道者的修养和风貌，重在修身。

老子认为，理想的行道者应该具有小心谨慎、心存畏惧、恭敬庄重、温和融洽、敦厚自然、虚怀若谷、浑朴纯正、深沉宁静、飘扬放逸的修养和风貌。其实，这正是老子自己的人格精神造型。所有这些品格的核心，在于不求满盈；只有不求满盈，才能吐故纳新。这与道的空虚（道冲）一脉相承。

原 文

古之善为道者①，微妙玄通，深不可识。夫唯不可识，故强为之容②：

豫兮③，若冬涉川；犹兮④，若畏四邻；俨兮⑤，其若客；

涣兮，其若凌释⑥；敦兮，其若朴⑦；旷兮⑧，其若谷；

混兮⑨，其若浊；澹兮⑩，其若海；飂兮⑪，若无止。

孰能浊以静之徐清⑫？孰能安以动之徐生⑬？

保此道者，不欲盈⑭。夫唯不盈，故能蔽而新成⑮。

注 释

①善为道者：善于行道的人。

②容：形容。

③豫：犹豫。

④犹：犹豫。

⑤俨：恭敬。

⑥涣兮，其若凌释：融化流散啊，像河冰消解。涣，流散。凌释，河冰消解。

⑦敦兮，其若朴：纯厚自然啊，像未经雕凿的原木。敦，纯厚。朴，未经雕凿的原木。

⑧旷：空旷。

⑨混：浑，浑厚。

⑩澹：宁静。

⑪飔：高风，飘扬。

⑫徐清：慢慢澄清。

⑬徐生：慢慢产生。

⑭不欲盈：不求盈满。

⑮蔽而新成：敝旧却能新生。蔽，通"敝"。第二十二章曰："敝则新。"

译文

古代善于行道的人，精微玄妙，深邃而不可认识。正因为不可认识，只能勉强地来形容描述它：

迟疑踌躇啊，像冬天涉过江河；犹豫狐疑啊，像畏惧四面的威胁；恭敬庄重啊，像充当宾客；

融化流散啊，像河冰消解；纯厚自然啊，像未经雕凿的原木；空旷宽阔啊，像远山的幽谷；

浑厚质朴啊，像混浊的水流；宁静深沉啊，像浩淼的大海；飘扬放逸啊，像永无止境。

谁能够将浊水静止，慢慢澄清？谁能在安定中启动，慢慢产生？

保持这些大道的人，不求满盈。正因为不满盈，所以敝旧却能新生。

第十六章

题解

　　本章强调"致虚"和"守静"，重在修身。

　　"致虚"，就是空虚其心，排除一切蒙蔽心灵的私念；"守静"，就是坚守清静，顺应自然，绝不妄为，二者互为因果。这是道的法则，也是修身的要义。所谓"复"，就是道的循环往复，周而复始，回归根本，即虚静之境，天地万物的本始。道的运行如此，人的行动亦应如此；不循道则凶险，循道则安全。所以，老子特别强调"致虚""守静"，以达到无为无不为的目的。

原文

　　致虚极①，守静笃②。万物并作③，吾以观复④。夫物芸芸⑤，各归其根。归根曰"静"⑥，静曰"复命"⑦，复命曰"常"⑧，知常曰"明"⑨。不知"常"，妄作凶⑩。

　　知"常"容⑪，容乃公⑫，公乃全⑬，全乃天⑭，天乃道，道乃久，没身不殆⑮。

注释

　　①致虚极：达到极端的空虚无欲。

　　②守静笃：坚守彻底的清静无为。

　　③并作：一起生长。

　　④观复：观察循环往复的规律。

　　⑤芸芸：纷繁众多。

⑥归根：回归根本。

⑦复命：复归生命之本。

⑧常：永恒不变的规律。

⑨明：指准确地认识和把握规律。

⑩妄作凶：轻举妄动干出凶险之事。

⑪容：包容。

⑫公：公正。

⑬全：全面，普遍。

⑭天：天地自然。

⑮没身不殆：终生没有危险。

译文

　　达到极端的空虚无欲，坚守彻底的清静无为。万物一起生长，我来观察其中循环往复的规律。万物纷繁众多，各自回归根本。回归根本叫做"静"，静叫做"复命"，复命叫做"常"，认识把握"常"叫做"明"。不认识把握"常"，就会轻举妄动干出凶险之事。

　　能够认识把握"常"就能包容，能够包容就能公正，能够公正就能普遍，能够普遍就能符合天地自然，能够符合天地自然就能符合道，能够符合道就能长久，终生没有危险。

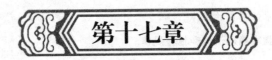

第十七章

题解

本章强调贵言无为，重在治国。

在老子看来，最好的侯王行不言之教，清静无为，因此百姓根本不知道他的存在。百姓"亲而誉之"的统治者，是因为言而有信；"畏之""侮之"的统治者，是因为言而无信。言而有信者是有所作为，言而无信者是欺骗百姓，老子认为都比不上行不言之教、清静无为的侯王。所以，老子主张统治者贵言、希言、不言，即不要制定法律、发布命令。"轻诺必寡信"，还不如不言，只有这样，才能顺应自然，无为而治。

原文

太上①，不知有之②；其次，亲而誉之；其次，畏之；其次，侮之。信不足焉，有不信焉③。

悠兮其贵言④。功成事遂，百姓皆谓："我自然⑤。"

注释

①太上：最好的侯王。

②不知有之：不知有君王存在。

③信不足焉，有不信焉：君王诚信不够，百姓自然不会相信他。

④悠兮其贵言：君王悠闲啊，不会轻易发号施令。贵言，珍贵语言，不多说。第二十三章曰："希言自然。"第五十六章曰："知者不言，言者不知。"第六十三章曰："夫轻诺必寡信，多易必多难。"都强调的是贵言、希言、不言，即无为而治。

⑤自然：自己如此。

最好的侯王，百姓感觉不到他的存在；其次的侯王，百姓亲近赞誉他；再其次的侯王，百姓害怕他；更其次的侯王，百姓侮辱他。侯王的诚信不够，百姓自然不会相信他。

最好的侯王悠闲啊，不会轻易地发号施令。功业成就，百姓都说："我们本来自己如此。"

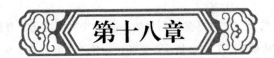

第十八章

题解

本章揭示现实社会的混乱和病态，重在砭时。

老子认为，大道是顺应自然之道，而仁义、智慧、大伪、孝慈、忠臣之类都是在自然之道破坏、私有制产生以后的昏乱现实中出现的，是对大道的背离和否定。社会是发展了，私欲却增多了，因此，老子竭力提倡清静无为、顺应自然之道。特别是老子提出充满辩证思想的历史观，认为大道与仁义、智慧与大伪、六亲不和与孝慈、国家昏乱与忠臣，虽然相反，却有因果关系，给人以深刻启示。

原文

大道废，有仁义；智慧出①，有大伪②；六亲不和③，有孝慈④；国家昏乱，有忠臣。

注释

①智慧：智谋，指圣智、巧利。

②大伪：巨大的虚伪奸诈。

③六亲：指父、母、兄、弟、妻、子。

④孝慈：孝子慈父。

译文

大道废弃，才会提倡仁义；智谋出现，才会产生伪诈；六亲不和睦，才有孝子慈父；国家昏乱，才会出现忠臣。

第十九章

本章论述治疗社会弊病的方略，重在治国。

老子认为，儒家的圣智、仁义、巧利，是统治者扰民的"有为"，是欺骗百姓的"文饰"，是搜刮民利、六亲不和、产生盗贼的起因，是造成道德沦丧、世风败坏、社会混乱的根源，应该坚决杜绝和抛弃。因为，"圣人不死，大盗不止。虽重圣人而治天下，则是重利盗跖也。为之斗斛以量之，则并与斗斛而窃之；为之权衡以称之，则并与权衡而窃之；为之符玺而信之，则并与符玺而窃之；为之仁义以矫之，则并与仁义而窃之。何以知其邪？彼窃钩者诛，窃国者为诸侯。诸侯之门，而仁义存焉，则是非窃仁义、圣智邪？"（《庄子·胠箧》）既然如此，仁义之类不足以治国，只会乱国，因此说，"以智治国，国之贼"。正确的办法只能是坚持质朴，减少私欲，杜绝圣智、仁义、巧利之类所谓学问，才能没有忧患。可见，在"文"与"质"的对立中，老子强调的是"质"，反璞归真，才是治国的出路。

原 文

绝圣弃智①，民利百倍；绝仁弃义，民复孝慈；绝巧弃利，盗贼无有。此三者，以为文②，不足。故令有所属③：见素抱朴④，少私寡欲，绝学无忧⑤。

注 释

①绝圣弃智：杜绝和抛弃聪明巧智。圣，睿智，聪明。第六十五章曰："故以智治国，国之贼；不以智治国，国之福。"

②文：文饰。

③所属：归属的地方。

④见素抱朴：显现并坚守朴素。见，同"现"，显现。素，未染色的丝。抱，坚守。朴，未雕凿的木。

⑤绝学无忧：杜绝学问没有忧患。学，指儒家所提倡的仁义礼智之学。第六十五章曰："古之善为道者，非以明民，将以愚之。"

译 文

杜绝和抛弃聪明巧智，百姓可以得到百倍的利益；杜绝和抛弃仁义，百姓可以恢复孝慈的天性；杜绝和抛弃巧诈私利，盗贼就不会存在。这三者，以为文饰，不足以治理天下。所以，要让百姓有归属之地：显现并坚守朴素，减少私欲，杜绝世俗之学，就不会有忧患。

第二十章

本章说明行道之人（即老子）与众不同，重在修身。

唯与阿、美与恶，是有差别，但是毕竟标准不同，随着世风流转变化，众人畏惧，老子也畏惧，这是他与众人相同的地方。但是，老子淡泊自守，浑沌宁静，质朴淳厚，无为无不为，因为取法于道，顺应自然，追求更高的精神境界，所以又与众不同，遗世独立。虽然是以"我"与众人比较，实则为行道者树立了榜样。

原 文

唯之与阿①，相去几何？美之与恶，相去若何？人之所畏，不可不畏②。荒兮，其未央哉③！

众人熙熙④，如享太牢⑤，如春登台⑥；我独泊兮⑦，其未兆⑧。

沌沌兮⑨，如婴儿之未孩⑩；傫傫兮⑪，若无所归。

众人皆有余，而我独若遗⑫，我愚人之心也哉⑬！

俗人昭昭⑭，我独昏昏⑮；俗人察察⑯，我独闷闷⑰。

众人皆有以，而我独顽且鄙⑱。

我独异于人，而贵食母⑲。

注 释

①唯之与阿：唯声与阿声，应诺声。阿，同"诃"。"唯"，对上；"阿"，对下。

②人之所畏，不可不畏：人们所畏惧的，我不能不怕。

35

③荒兮，其未央哉：宇宙是如此宽阔啊，从古到今，世风流转，好像没有尽头！荒，宽广，遥远。未央，未到边际尽头。以上是说与众人相同之处。

④熙熙：纵欲狂欢的样子。

⑤太牢：用牛、羊、猪三牲之肉做成食品，用于祭祀或盛筵，称为太牢。

⑥如春登台：如同春天登上高台，极目远望。

⑦泊：淡泊。

⑧未兆：没有征兆，无动于衷。

⑨沌沌兮：浑浑沌沌的样子。

⑩孩：小儿笑。

⑪儡儡兮：疲劳的样子。

⑫遗：借作"匮"，不足。

⑬愚人：蠢笨的人。这是老子以反话自嘲。下同。

⑭昭昭：明白、鲜亮的样子。

⑮昏昏：糊涂、暗昧的样子。

⑯察察：洁净、精明的样子。

⑰闷闷：浑浊、质朴的样子。

⑱众人皆有以，而我独顽且鄙：大家都有作为，我却顽愚而且鄙陋。以，用。顽且鄙，顽愚而鄙陋。

⑲食母：用道。食，用。母，指道。第二十五章曰："有物混成，先天地生。寂兮寥兮，独立而不改，周行而不殆，可以为天地母，吾不知其名，强字之曰道。"以

36

上是说与众人不同之处。

唯声与阿声，相差多少？美丽与丑陋，相差几何？人们所畏惧的，我不能不害怕。宇宙是如此宽阔啊，从古到今，世风流转，好像没有尽头！

然而，众人都在纵欲狂欢，如同享用太牢的盛筵，如同春天登上高台极目远望；而我却独自淡泊宁静啊，无动于衷。

浑浑沌沌的样子啊，好像婴儿不知嬉笑；疲劳困顿的样子啊，好像无所归依。

众人都有剩余，而唯独我好像不足，我真有一颗愚人的心啊！

世俗的人都活得明白鲜亮，而我却过得糊涂暗昧；世俗的人活得洁净精明，而我却过得浑浊质朴。

大家都有作为，我却顽愚而且鄙陋。

我独与世人不同，而是重视取法于道。

题解

本章说明道与德的关系，与第十四章互相补充，重在论道。

道是形而上的，无边无际，无形无状，因此，恍恍惚惚，似有似无。但是，道并非不可知，反映在社会人生就是德，有形有物，有精有信。德随着道而变化，所以，"孔德之容，惟道是从"。正因为道是万物的本原和归宿，永远存在，所以，可以追溯万物的初始。

原文

孔德之容①，惟道是从②。

道之为物，惟恍惟惚③。惚兮恍兮，其中有象④；恍兮惚兮，其中有物。窈兮冥兮⑤，其中有精⑥；其精甚真⑦，其中有信⑧。

自今及古，其名不去，以阅众甫⑨。吾何以知众甫之状哉？以此⑩。

注释

①孔德之容：大德的模样。孔，大。德，道的体现。容，容貌，模样。

②惟道是从：唯有跟随着道而变化。

③道之为物，惟恍惟惚：道作为事物，似有似无。

④象：形象。

⑤窈兮冥兮：遥远幽深。

⑥精：精神，规律。

⑦真：真切。

⑧信：验证。

⑨以阅众甫：用来视察万物的初始。阅，视，察。甫，始。

⑩以此：由道认识。

 译文

大德的模样，唯有跟随着道而变化。

道作为事物，似有似无。如此恍恍惚惚，其中却有形象；如此惚惚恍恍，其中却有实物。遥远幽深啊，其中却有精神；这精神非常真切，可以得到验证。

从今到古，它的名字永远不会消失，可以用来视察万物的初始。我怎么知道万物的情状呢？由道而知。

第二十二章

题 解

本章阐发了处世的辩证法，重在修身。

曲与全，枉与直，洼与盈，敝与新，少与得，多与惑，本是相反、相对的矛盾双方，但是又互相依存，互相转化，可以由前者变为后者，具有密切的内在联系。因此，观察事物，处理问题，将矛盾的双方根本对立，截然分开，见外不见内，见表不见里，都是根本错误的。圣人正是由此总结了道的柔弱、俭啬、谦卑的特征，作为天下的榜样，不自见，不自是，不自伐，不自矜，所以，"天下莫能与之争"，这就是"曲则全"的道理。

原 文

曲则全①，枉则直②，洼则盈③，敝则新④，少则得⑤，多则惑⑥。

是以圣人抱一为天下式⑦。不自见，故明⑧；不自是，故彰⑨；不自伐，故有功⑩；不自矜，故长⑪。

夫唯不争，故天下莫能与之争。古之所谓"曲则全"者，岂虚言哉？诚全而归之⑫。

注 释

①曲则全：弯曲才能保全。

②枉则直：委屈才能伸直。

③洼则盈：低洼才能盈满。

④敝则新：破旧才能更新。

⑤少则得：少取才能多得。

⑥多则惑：贪多反而惑乱。

⑦圣人抱一为天下式：圣人坚守大道为天下的楷模。式，法式，楷模。

⑧不自见，故明：不自我表现，因此聪明。见，同"现"，显现。明，聪明。

⑨不自是，故彰：不自以为是，因此彰显。是，正确。彰，彰显，显著。

⑩不自伐，故有功：不自我炫耀，因此有功。伐，夸，自矜。

⑪不自矜，故长：不自我骄傲，因此长久。矜，矜夸，骄傲。

⑫诚：确实。

译文

弯曲才能保全，委屈才能伸直，低洼才能盈满，破旧才能更新，少取才能多得，贪多反而惑乱。

因此，圣人坚守大道为天下的楷模。不自我表现，因此聪明；不自以为是，因此彰显；不自我炫耀，因此有功；不自我骄傲，因此长久。

正因为不与人争，天下的人才没有谁能与他争。古代所谓"弯曲才能保全"的话，难道是空话吗？确实能够让他全身而退。

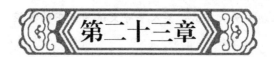

第二十三章

题解

本章以暴风雨喻暴政不会长久，行道才是正途，重在治国。

天地尚且使得暴风雨不到一天，何况人间的暴政能够持久吗？因此，严刑峻法、苛捐杂税的暴政既不可能长久，又不会有好结果，只有清静无为，顺应自然，使百姓安居乐业，才算是"同于道者，道亦乐得之；同于德者，德亦乐得之"。这里再次提出"希言"，与第二章的"行不言之教"、第十七章的"贵言"相应。

原文

希言自然①。故飘风不终朝②，骤雨不终日③。孰为此者？天地。天地尚不能久，而况人乎？

故从事于道者，同于道④；德者，同于德⑤；失者，同于失⑥。同于道者，道亦乐得之⑦；同于德者，德亦乐得之；同于失者，失亦乐得之。

注释

①希言自然：不言教令是符合自然规律的。第十七章曰："悠兮其贵言。"

②飘风不终朝：狂风刮不了一个早晨。飘风，疾风，暴风。

③骤雨不终日：暴雨下不了一个整天。

④从事于道者，同于道：从事于道的人，行为就与道相同。

⑤德者，同于德：从事于德的人，行为就与德相同。

⑥失者，同于失：从事于失道失德的人，行为就与失道失德相同。

⑦同于道者，道亦乐得之：行为与道相同的人，道也乐意得到他。

不言教令是符合自然规律的。因此，狂风刮不了一个早晨，暴雨下不了一个整天。谁使它这样的？天地。天地尚且不能让狂风暴雨持久，何况人呢？

所以，从事于道的人，行为就与道相同；从事于德的人，行为就与德相同；从事于失道失德的人，行为就与失道失德相同。行为与道相同的人，道也乐意得到他；行为与德相同的人，德也乐意得到他；行为与失道失德相同的人，失道失德也乐意得到他。

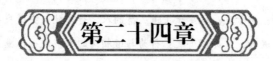

题 解

本章反对"余食赘行"，重在修身。

立何必"企"？行何必"跨"？明何必"自见"？彰何必"自是"？有功何必"自伐"？自矜必不长久，因此，"企""跨""自见""自是""自伐""自矜"，都是多余而无用的行为。这种追求私欲、自我炫耀的思想行为，不符合道柔弱、俭啬、谦卑的要求，不会有好结果。所以，"余食赘行"，不合于道，有道的人不能这样做。这是从第二十二章的反面立论，道理完全相同。

原 文

企者不立①，跨者不行②。自见者，不明③；自是者，不彰④；自伐者，无功⑤；自矜者，不长⑥。

其在道也，曰："余食赘行⑦，物或恶之⑧。"故有道者不处⑨。

注 释

①企者不立：踮起脚跟的人难以久立。企，踮起脚跟。

②跨者不行：跨越走路的人难以远行。

③自见者，不明：自我表现的人，不聪明。

④自是者，不彰：自以为是的人，不彰显。

⑤自伐者，无功：自我炫耀的人，没有功。

⑥自矜者，不长：自我骄傲的人，不长久。

⑦余食赘行：多余的饮食和行为。赘，剩余。指的是上述"企

第二十四章

者""跨者""自见者""自是者""自伐者""自矜者",均为多余而无用的行为。

⑧物或恶之：鬼神都要厌恶他。物，鬼神。恶，厌恶。

⑨不处：不居于此，不这样做。处，居。

译 文

踮起脚跟的人难以久立，跨越走路的人难以远行。自我表现的人，不聪明；自以为是的人，不彰显；自我炫耀的人，没有功；自我骄傲的人，不长久。

从道的观点来看，可以说："多余的饮食和行为，鬼神都会厌恶。"因此，有道的人不这样做。

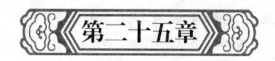

第二十五章

题 解

本章说明道的属性、状态、称谓和归依，重在论道。

浑然一体，天地本原，先天地生，寂静空虚，独立存在，循环不息，勉强称它为"道"。因为它没有边际，无所不在，勉强称它为"大"。"大"就运行不息，又称为"逝"；"逝"就延伸遥远，又称为"远"；"远"就返回本原，又称为"反"。如此循环不息的道，是效法自然而来。由此可知第一章"道可道，非常道；名可名，非常名"的真正含义。

特别值得注意的是，老子把人与道、天、地并提，列为"四大"之一，而没有提到神，这是对神本主义的否定，对人本主义的肯定，表现出对人格尊严的认定和推崇，与道家主张的贵身爱身、全性保真的思想完全一致，无疑具有重要的意义。

原 文

有物混成①，先天地生②。寂兮寥兮③，独立而不改④，周行而不殆⑤，可以为天地母⑥。吾不知其名，强字之曰"道"，强为之名曰"大"⑦。大曰"逝"⑧，逝曰"远"⑨，远曰"反"⑩。

故道大，天大，地大，人亦大。域中有四大⑪，而人居其一焉。

人法地⑫，地法天，天法道，道法自然。

注 释

①有物混成：有一个东西混沌而成。物，指道。

②先天地生：先于天地而存在。

③寂兮寥兮：寂静啊，空虚啊。寂，无声。寥，空虚。

④独立而不改：独自生存而永不改变。

⑤周行而不殆：循环运行而永不懈怠。周，匝，环绕。殆，通"怠"。

⑥天地母：天地的本原。

⑦大：极言道无边无际，无所不包。

⑧逝：往行，运行不息。

⑨远：遥远，延伸遥远。

⑩反：同"返"，返回，返回本原。

⑪域中：宇宙中。

⑫法：效法。

译文

有一个东西混沌而成，先于天地而存在。寂静啊，空虚啊，独自生存而永不改变，循环运行而永不懈怠，可以成为天地的本原。我不知道它的名字，勉强地称它为"道"，勉强地称它为"大"。大又称为"逝"，逝又称为"远"，远又称为"反"。

因此说，道大，天大，地大，人也大。宇宙中有"四大"，而人居于"四大"之一。

人效法地，地效法天，天效法道，道效法自然。

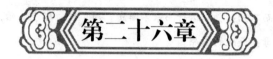

第二十六章

题 解

本章论述稳重和沉静，重在修身。

行道者柔弱、俭啬、谦卑，对人处事必然稳重而沉静，因此，稳重是轻率的根本，沉静是浮躁的主宰。治理天下的万乘之君必须以天下为重，如果违背大道，轻率浮躁，骄奢淫逸，肆意纵欲，把治理天下视为儿戏一般，轻则误身，重则乱国，造成严重的后果，所以说，"轻则失根，躁则失君"。

原 文

重为轻根①，静为躁君②。是以君子终日行不离辎重③。

虽有荣观，燕处超然④。奈何万乘之主而以身轻天下⑤？

轻则失根⑥，躁则失君⑦。

注 释

①重为轻根：稳重是轻率的根本。

②静为躁君：沉静是浮躁的主宰。

③辎重：有衣车，四面有屏蔽的车。

④虽有荣观，燕处超然：虽然有华美之居和观览之乐，却安处其中而超然物外。荣，华美之居。观，观览之乐。燕，安。

⑤以身轻天下：自身轻浮地面对天下。

⑥轻则失根：轻率就会丧失根本。

⑦躁则失君：浮躁就会丧失主宰。

稳重是轻率的根本，沉静是浮躁的主宰。因此，君子整天外出不离开四面屏蔽的车辆。

　　虽然有华美之居和观览之乐，却能安处其中而超然物外。怎么万乘之君而自身轻浮地面对天下呢？

　　轻率就会丧失根本，浮躁就会丧失主宰。

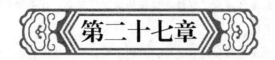

题解

本章说明无为而治、善待民众的道理，重在治国。

善行者无辙，善言者无瑕，善数者无筹，善闭者无楗，善结者无绳，这是他们奉行大道，"处无为之事，行不言之教"（第二章）的结果。圣人没有私爱私亲，既不弃人，又不弃物，即就是对不善之人也要善待，要以天道感化，使百姓和睦相处，这就是"天地不仁""圣人不仁"（第五章）的道理。如果"不贵其师，不爱其资"，造成尖锐的矛盾对立，引起激烈的社会动乱，那真是"虽智大迷"！正确处理这个问题，才算是掌握了治国的精义。

原文

善行，无辙迹①；善言，无瑕谪②；善数，不用筹策③；善闭，无关楗而不可开④；善结，无绳约而不可解⑤。

是以圣人常善救人，故无弃人；常善救物，故无弃物。是谓"袭明"⑥。

故善人者不善人之师，不善人者善人之资⑦。不贵其师，不爱其资，虽智大迷，是谓"要妙"⑧。

注释

①辙迹：车辙的痕迹。

②瑕谪：瑕疵，过失。

③筹策：计算的筹码。

④关楗：门闩。

⑤绳约：绳索。

⑥袭明：重明。袭，重。既善救人，又善救物，双重知明，故曰"袭明"。

⑦资：资用，教导的对象，即学生。

⑧要妙：精深微妙。

第二十七章

译文

善于行车的人，不留下车痕；善于言谈的人，没有瑕疵；善于计算的人，不用筹码；善于关门的人，没有门闩却不可开；善于捆绑的人，没有绳索却不可解。

因此，圣人善于经常救助他人，所以没有被抛弃的人；善于经常拯救万物，所以没有被抛弃的物。这就叫做"袭明"。

因此，善人是不善人的老师，不善人是善人的学生。不尊重他的老师，不爱护他的学生，虽然自以为聪明，其实是最大的糊涂。这是精深微妙的道理。

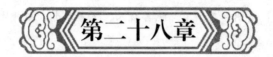

题解

本章说明知雄守雌的道理，重在修身。

守雌贵柔是老子一再强调的道的原则。行道之人必须在深知自己雄强的前提下，主动地甘守雌弱，居于下流，因为，弱胜强，柔胜刚，牝胜牡，"以静为下"才能处于不败之地。所以，老子非常赞赏以柔弱克坚强的水、善下的江海成为百谷王、含德深厚的赤子和以至柔驰骋天下至坚的无为之道，愿意"为天下谿""为天下谷"，使得"常德乃足，复归于朴"，因而"大制不割"。

原文

知其雄，守其雌①，为天下谿②。为天下谿，常德不离③，复归于婴儿。

知其白，守其辱④，为天下谷⑤。为天下谷，常德乃足，复归于朴⑥。

朴散则为器⑦，圣人用之，则为官长⑧，故大制不割⑨。

注释

①知其雄，守其雌：深知自己雄强，却甘守雌柔。第四十三章曰："天下之至柔，驰骋天下之至坚。"第五十五章曰："含德之厚，比于赤子。……骨弱筋柔而握固。"第六十一章曰："大邦者下流，天下之牝，天下之交也。牝常以静胜牡，以静为下。"第六十六章曰："江海之所以能为百谷王者，以其善下之，故能为百谷王。"第七十六章曰："故坚强者死之徒，柔弱者生之徒。是以兵强则灭，木强则折。强大处下，柔弱处上。"

第七十八章曰："天下莫柔弱于水，而攻坚强者莫之能胜，以其无以易之。弱之胜强，柔之胜刚，天下莫不知，莫能行。"这种守雌贵柔的思想，贯穿全篇。

②谿：山间小水沟，溪涧。天下谿，言其处于天下低洼之地。第八章曰："水善利万物而不争，处众人之所恶，故几于道。"第二十二章曰："洼则盈。"

③常德不离：永恒的德不会离身。

④辱：污黑。第四十一章曰："大白若辱。"正是以白对辱，可证。

⑤谷：有水曰溪，无水曰谷。谷无水则空虚。

⑥复归于朴：恢复到质朴的状态。

⑦朴散则为器：质朴分散为各种器具。

⑧官长：百官之长。

⑨大制不割：完美的制度是不会伤害百姓的。割，害。第三十五章曰："执大象，天下往。往而不害，安平泰。"第五十八章曰："是以圣人方而不割，廉而不列，直而不肆，光而不耀。"第六十章曰："非其神不伤人，圣人亦不伤人。夫两不相伤，故德交归焉。"

译 文

深知自己雄强，却甘守雌柔，作为天下的溪涧。作为天下的溪涧，永恒的德不会离身，就恢复到婴儿的纯真状态。

深知自己的洁白，却甘守污黑，作为天下的空谷。作为天下的空谷，永恒的德才能充足，恢复到质朴的状态。

质朴分散为各种器具，圣人使用这些器具，就可以成为百官之长。所以说，完美的制度是不会伤害百姓的。

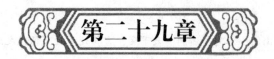

本章反对勉强作为，主张顺应自然，重在治国。

老子认为，治理天下不能为了私欲而一意孤行，更不能不顾现实而为所欲为。因为天下万物千姿百态，千差万别，"或行或随，或嘘或吹，或强或羸，或载或隳"，不能按照同一个标准去衡量和要求，更不能用严酷的法律去命令和禁止，应该顺应自然，因势利导，所以圣人要除去极端、奢侈和过分的措施，实行无为而治。

原 文

将欲取天下而为之①，吾见其不得已②。天下神器③，不可为也，不可执也④。为者败之，执者失之。是以圣人无为，故无败；无执，故无失⑤。

夫物⑥，或行或随⑦，或歔或吹⑧，或强或羸⑨，或载或隳⑩。是以圣人去甚⑪，去奢⑫，去泰⑬。

注 释

①为：治理，作为。

②不得：不可得，不会达到目的。

③天下神器：天下是神圣的东西。

④执：把持。

⑤无失：不会失去。

⑥物：万物。

⑦或行或随：有前有后。行，前行。随，后随。

第二十九章

⑧或歔或吹：有缓有急。歔，出气缓。吹，出气急。

⑨或强或羸：有刚强有羸弱。强，刚强。羸，衰弱。

⑩或载或隳：有成就有毁坏。载，成就。隳，毁坏。

⑪甚：极端。

⑫奢：奢侈。

⑬泰：过分。

译文

　　有人想要夺取天下而治理它，我看他不会达到目的。天下的神圣的东西，不能勉强作为，不能用力把持。勉强作为就会失败，用力把持就会丢失。因此圣人从不妄自作为，所以不会失败；从不强行把持，所以不会失去。

　　那些世间万物，有前有后，有缓有急，有刚强有羸弱，有成就有毁坏。因此，圣人要清静无为，顺应自然，除去极端，除去奢侈，除去过分。

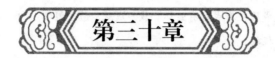

第三十章

本章反对战争，指出物壮则老，重在议兵。

老子认为，战争是残酷的，虽然有胜有败，但是胜败双方都是受害者，因为"其事好还"，双方都要付出惨重的代价，谁也不能幸免，所以警告统治者"不以兵强于天下"。这一辩证思考，非常深刻，与前面反复强调的矛盾双方对立转化的思想一脉相承，所以，因胜利而"矜""伐""骄""强"，毫无必要，有害无利。在此基础上，老子特别指出"物壮则老"的客观规律，事物发展到极端就会走向反面，就会消亡，这无疑是对那些穷兵黩武的诸侯们的当头棒喝！

原 文

以道佐人主者，不以兵强天下。其事好还①。师之所处，荆棘生焉。大军之后②，必有凶年③。

善有果而已④，不敢以取强。果而勿矜⑤，果而勿伐⑥，果而勿骄，果而不得已，果而勿强⑦。

物壮则老，是谓不道。不道早已。

注 释

①还：返，回报，报应。

②大军：军队，借指战争。

③凶年：荒年。

④善有果而已：善于用兵的人只求取得胜利罢了。果，胜利。

⑤矜：矜夸。

⑥伐：炫耀。

⑦强：逞强。

用道辅佐君王的人，不靠军队逞强于天下。这件事情喜欢反复报应。军队所到之处，荆棘丛生。大战之后，必有荒年。

善于用兵的人只求取得胜利罢了，不敢凭武力来取得称霸的地位。胜利了而不要矜夸，胜利了而不要炫耀，胜利了而不要骄傲，胜利是出于不得已，胜利了而不要逞强。

事物发展到盛壮就会衰老，这就不符合道了。不符合道就会提早消亡。

第三十一章

本章承前而发，继续阐述反战思想，重在议兵。

行道之人恬淡虚静，柔弱俭啬，没有私欲追求，自然要远离凶器，即使是进行自卫战争，抗暴安民，也是迫不得已而用之，生命财产会遭到巨大的损失，因此，即使是取得胜利也是不值得赞美的；如果赞美胜利，就说明喜欢杀人，那样是不能得志于天下的。出兵用丧礼，取胜也用丧礼，重在祭奠战争亡灵，表现了老子悲天悯人的人道思想。

原 文

夫兵者，不祥之器，物或恶之①，故有道者不处。

君子居则贵左，用兵则贵右②。兵者不祥之器，非君子之器，不得已而用之，恬淡为上③。胜而不美，而美之者，是乐杀人。夫乐杀人者，则不可得志于天下矣。

吉事尚左，凶事尚右。偏将军居左，上将军居右，言以丧礼处之。杀人之众，以悲哀泣之；战胜，以丧礼处之。

注　释

①见第二十四章注⑧。

②"贵左""贵右"以及下文中"尚左""尚右""居左""居右"，都是古代礼仪的规定。

③恬淡：宁静，安适。

译　文

兵器，是不吉祥的器具，连鬼神都厌恶它，因此有道的人远离而不用。

君子平常以左为贵，用兵时以右为贵。兵器是不吉祥的器具，不是君子所用的器具，万不得已才使用它，要以宁静安适为上。胜利了也不要赞美，如果赞美胜利，就是喜欢杀人。那些喜欢杀人的人，不能在天下实现统治的愿望。

吉庆的事情以左为上，凶丧的事情以右为上。偏将军在左，上将军在右，这是说出兵打仗用丧礼的仪式安排。杀人很多，要悲伤哭泣去追悼；打了胜仗，也要用丧礼去纪念。

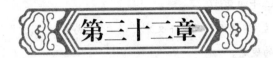

题　解

本章说明道无名而质朴的特征，重在论道。

道，无名质朴，隐而无形，大而无边，阴阳交合就能普降甘露，没有偏私，均衡平等，这正所谓"天地不仁""圣人不仁""天道无亲"。而名则是万物出现之后产生的，名分一定，各归其类，就有各自的界限。严格界限，各守本分，就没有危险，这就如同天下归于大道、川谷流向江海一样。

原　文

道常无名，朴①。虽小，天下莫能臣②。侯王若能守之，万物将自宾③。

天地相合，以降甘露，民莫之令而自均④。

始制有名⑤，名亦既有，夫亦将知止。知止可以不殆⑥，譬道之在天下，犹川谷之于江海⑦。

注　释

①道常无名，朴：道永远无名，处于质朴的状态。

②虽小，天下莫能臣：道虽然隐微，天下没有谁能够臣服它。

③自宾：自己宾服。

④民莫之令而自均：百姓没有谁命令它而自然均匀。

⑤始制有名：万物出现后，才产生了各种名称。

⑥知止可以不殆：知道界限就可以没有危险。止，禁止，界限。不

殆，没有危险。

⑦此为倒文。当以"川谷"喻"天下"，以"江海"喻"道"。

 译 文

道永远无名，处于质朴的状态。它虽然隐微，天下没有谁能够臣服它。侯王如果坚守它，万物将会自己宾服。

天地阴阳相交合，就降下甘露，百姓没有谁命令它而自然均匀。

万物出现后，就产生了各种名称，名称既然有了，也就知道各自的界限。知道界限就可以没有危险，就譬如道对于天下的关系，好像江海对于川谷的关系一样。

第三十三章

题 解

本章论述个人品行修养，重在修身。

对外的"知人""胜人"，固然可贵；对内的"自知""自胜"，更为重要，完全符合道的俭啬精神。因此，有自知之明、自胜之强，就成为更高的修养标准。在此基础上，"知足""强行""不失其所""死而不亡"，就可以实现人生追求。

原 文

知人者智，自知者明。胜人者有力，自胜者强。知足者富，强行者有志①。不失其所者久②，死而不亡者寿③。

注 释

①强行者：顽强坚持的人。

②不失其所者：不失根本的人。

③死而不亡者：身死而精神不亡的人。

译 文

识别他人的人可谓智慧，了解自己的人可谓聪明。战胜他人的人称为有力，战胜自己的人称为刚强。知道满足就是富有，顽强坚持的人叫做有志。不失根本的人就能长久，身死而精神不亡的人才算长寿。

第三十四章

题 解

本章说明大与小的辩证法，重在论道。

大道无所不在，没有私欲，顺应自然，由不主宰万物可以称为"小"，由万物都归依又可称为"大""小"与"大"是事物的两面，相反相成。正因为它不据为己有，不自以为大，没有占有欲和支配欲，所以成就了它的伟大。天道如此，人道亦如此。

原 文

大道氾兮，其可左右①。万物恃之以生而不辞②，功成而不有③。衣被万物而不为主④，可名于"小"⑤；万物归焉而不为主，可名为"大"⑥。以其终不自为大，故能成其大。

天下皆谓我："道大，似不肖⑦。"夫唯大，故似不肖。若肖，久矣其细也夫！

注 释

①大道氾兮，其可左右：大道广泛而普遍地流行，它可左可右，无处不在。氾，普，博。

②辞：推辞。

③有：据为己有。

④衣被：遮蔽，覆盖。

⑤小：指大道任物成长，自然无为，因此称为"小"。

⑥大：指大道无私养育，万物归依，因此称为"大"。

⑦不肖：不像。

译文

　　大道广泛而普遍地流行，它可左可右，无所不在。万物依靠它生长而不推辞，功业成就而不据为己有。它覆盖万物而不自以为主宰，可以称它为"小"；它万物归依而不自以为主宰，可以称它为"大"。由于它最终不自以为大，所以才能成就它的大。

　　天下人都对我说："道大，却不像大。"正因为道大，所以好似不像大。如果像大，很早就细微渺小了！

第三十五章

本章说明道平淡而无穷，重在论道。

道不像音乐和美食，可以刺激感官，引起诱惑，形成欲望，而是无味、无形、无声，却用之不竭，无穷无尽。掌握和遵循道的规律，就可以让百姓归依，平和安宁。

原 文

执大象①，天下往。往而不害，安平泰②。

乐与饵③，过客止。道之出口，淡乎其无味，视之不足见④，听之不足闻，用之不足既⑤。

注 释

①大象：大道。象，道。

②安平泰：就平和而安宁。安，乃，则。

③乐与饵：音乐与美食。饵，泛指美味食品。

④足：可。

⑤既：尽。

译 文

执守大道，天下百姓都来归往。归往而不伤害，就会平和而安宁。

音乐美食，能使过客止步。而道的讲述，平淡得没有味道，看它看不着，听它听不到，用它却用不尽。

第三十六章

题解

本章由自然物势阐发统治谋略，重在治国。

张极必歙，强极必弱，举极必废，予极必夺，也就是说，张是歙的先导，强是弱的前兆，举是废的端倪，予是夺的根苗，这是自然事物发展的大势，运动的规律，即所谓物极必反，对立转化的微明之理。因此，要处于柔弱地位，才能战胜刚强，这种治理国家的玄机谋略不能随便示人。

原文

将欲歙之①，必固张之②；将欲弱之，必固强之；将欲废之，必固举之；将欲取之，必固与之，是谓"微明"③。柔弱胜刚强。鱼不可脱于渊④，国之利器不可以示人⑤。

注释

①歙：收敛。

②固：定。张：扩张。

③微明：隐微而显明。

④鱼不可脱于渊：鱼不能离开深渊。

⑤利器：锐利的武器，指赏罚、权谋。示：显示，炫耀。

译文

将要收敛它，必定扩张它；将要削弱它，必定强盛它；将要废弃它，必定举荐它；将要夺取它，必定给予它，这就叫做"微明"。柔弱必胜刚强。鱼不能离开深渊，国家的赏罚权谋不能向人炫耀。

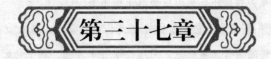

第三十七章

题 解

本章论述君无为而民自化的道理，重在治国。

作为侯王，如果能够行大道，不妄为，顺应自然，万物不受干扰就会自己生长变化，无所不为。即使是出现了个人的私欲，也可以用质朴纯厚之风镇定引导。只要百姓没有私欲，回归天性，天下就会自己安定，形成"甘其食，美其服，安其居，乐其俗；邻国相望，鸡犬之声相闻，民至老死，不相往来"（第八十章）的理想社会。

原 文

道常无为而无不为①。

侯王若能守之，万物将自化②。化而欲作③，吾将镇之以无名之朴④。镇之以无名之朴，夫将不欲。不欲以静，天下将自正。

注 释

①无为而无不为：顺应自然不妄为则无所不能为。

②自化：自己成长变化。

③欲作：私欲产生。

④无名之朴：道的质朴。无名，指道。第三十二章曰："道常无名，朴。"

少年读道德经

　　道永远顺应自然不妄为，就能够无所不为。

　　侯王如果能够坚守它，万物将会自己成长变化。成长变化而私欲产生，我将用道的质朴来震慑它。用道的质朴来震慑，就不会产生私欲。不产生私欲而身心宁静，天下将自己归于正道。

第三十八章

题　解

本章抨击仁、义、礼对自然之道、德的破坏，重在砭时。

"孔德之容，惟道是从"（第二十一章），道与德体用一源，顺应自然，没有私欲，先天而生；而仁、义、礼出自人为功利制作，后天而生，伤害人的自然天性，是对道、德的根本破坏。因此，即使是那些制定仁义礼的所谓先知们，也不过是看到道的表面的虚华，没有见到实质，已经是愚昧的开始。所以，大丈夫必须抛弃浅薄虚华，采取敦厚笃实。

原　文

上德不德①，是以有德；下德不失德②，是以无德。

上德无为而无以为③，下德无为而有以为④。

上仁为之而无以为⑤，上义为之而有以为⑥。

上礼为之而莫之应⑦，则攘臂而扔之⑧。

故失道而后德，失德而后仁，失仁而后义，失义而后礼。夫礼者，忠信之薄⑨，而乱之首⑩。

前识者⑪，道之华⑫，而愚之始。是以大丈夫处其厚⑬，不居其薄；处其实，不居其华。故去彼取此⑭。

注　释

①上德不德：上德的人顺应自然，不追求仁义之类品德。《韩非子·解老》曰："德者内也，得者外也。'上德不德'，言其神不淫于外也。神不淫于外则身全，身全之谓得，得者得身也。凡德者，以无为集，以无

欲成，以不思安，以不用固。为之欲之则德无舍，德无舍则不全；用之思之则不固，不固则无功。无功则生有德，生有德则无德。故曰'上德不德，是以有德'。"

②下德不失德：下德的人不失去仁义之类品德。

③上德无为而无以为：上德的人顺应自然而无所作为。《韩非子·解老》曰："虚者之无为也，不以无为为有常。不以无为为有常，则虚。虚则德盛，德盛之谓上德。故曰'上德无为而无不为'也。"

④下德无为而有以为：下德的人顺应自然而有所作为。

⑤上仁为之而无以为：上仁的人想有作为而无所作为。《韩非子·解老》曰："仁者谓其中心欣然爱人也，其喜人之有福，而恶人之有祸也。生心之所不能已也，非求其报也。故曰'上仁为之而无以为'也。"

⑥上义为之而有以为：上义的人想有作为而有所作为。《韩非子·解老》曰："义者，君臣上下之事，父子贵贱之差也，知交朋友之接也，亲疏内外之分也。臣事君宜，下怀上宜，子事父宜，贱敬贵宜，知交友朋相助也宜，亲者内而疏者外宜。义者谓其宜也，宜而为之。故曰'上义为之而有以为'也。"

⑦上礼为之而莫之应：上礼之人想有作为而没人回应。

⑧攘臂：用臂推操。扔之：引之，拽之，即强迫人服从。

⑨薄：薄弱，浅薄，不足。

⑩首：开始，开端。

⑪前识者：有先见之明的人。

⑫华：虚华。

⑬厚：敦厚。

⑭去彼取此：抛弃浅薄虚华，采取敦厚笃实。

译文

　　上德的人顺应自然，不追求仁爱之德，因此确实有德；下德的人不失

70

去仁爱之德，因此没有德。

上德的人顺应自然而无所作为，下德的人顺应自然而有作为。

上仁的人想有作为而无所作为，上义的人想有作为而有所作为。

上礼的人想有作为而没人回应，就用臂推搡强迫人服从。

所以，失道而后有德，失德而后有仁，失仁而后有义，失义而后有礼。礼，标志着忠信的薄弱，混乱的开端。

所谓有先见之明的人，只是认识道的虚华，是愚昧的开始。因此，大丈夫身处敦厚，而不居于浅薄；身处笃实，而不居于虚华。所以，抛弃浅薄虚华，采取敦厚笃实。

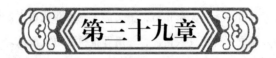

本章强调得道的重要性和侯王的谦下态度，重在治国。

天地万物得道则生存，失道则毁灭，治国也是同样的道理。作为侯王应该遵循道的法则，慈爱、俭啬、谦卑，"贵以贱为本，高以下为基"，称孤道寡，自处卑下，态度谦虚，行为恭敬，重视百姓，爱护百姓，这样，才能"天下正"。百姓对于侯王最好的称誉就是不称誉，因为不知道侯王的存在，即"太上，不知有之"（第十七章），这就达到了最高的境界。第二十八章曰："知其雄，守其雌，为天下谿。"第六十一章曰："牝常以静胜牡，以静为下。"第六十六章曰："是以圣人欲上民，必以言下之；欲先民，必以身后之。"与此同理。

原　文

昔之得一者①：天得一以清，地得一以宁，神得一以灵，谷得一以盈，万物得一以生，侯王得一以为天下正。

其致之也②：天无以清，将恐裂；地无以宁，将恐废③；神无以灵，将恐歇④；谷无以盈，将恐竭；万物无以生，将恐灭；侯王无以正，将恐蹶⑤。

故贵以贱为本，高以下为基。是以侯王自称孤、寡、不穀⑥。此非以贱为本邪？非乎？故至誉无誉。是故不欲琭琭如玉⑦，珞珞如石⑧。

人之所恶，唯孤、寡、不穀，而王公以为称。故物或损之而益，或益之而损。人之所教，我亦教之。强梁⑨者不得其死，吾将以为教父⑩。

第三十九章

注释

①一：指道。第四十二章曰："道生一，一生二，二生三，三生万物。"

②其致之也：如果推广言之。其，若，如果。致，推极。

③废：毁坏。

④歇：休息，停止。

⑤蹶：颠覆。

⑥孤、寡、不毂：都是侯王的谦称。孤，孤德。寡，寡德。不毂，不善。

⑦琭琭：光彩的样子，形容美玉。

⑧珞珞：同"硌硌"，坚硬的样子，形容石块。

⑨强梁：强横，强暴。

⑩教父：根本，宗旨。

译文

古来得道者：天得道就清明，地得道就安宁，神得道就灵验，山谷得道就充盈，万物得道就生长，侯王得道就使天下安定。

如果推广言之：天没有清明，将要崩裂；地没有安宁，将要毁坏；神没有灵验，将要休止；山谷没有充盈，将要枯竭；万物没有生长，将要灭绝；侯王没有安定，将要颠覆。

因此，贵以贱作为根本，高以下作为基础。因此，侯王自称孤、寡、不毂。这不是以低贱作为根本吗？不是吗？所以，最高的声誉就是无须赞誉。所以，不愿像光彩的美玉，宁可如坚硬的石块。

人们最厌恶的就是"孤""寡""不毂"，但王公却用这些字来称呼自己。所以一切事物，如果减损它却反而得到增加；如果增加它却反而得到减损。别人这样教导我，我也这样去教导别人。强暴的人死无其所。我把这句话当作施教的宗旨。

第四十章

题解

本章说明道的特征,重在论道。

"反"即复,相反相成,对立转化,物极必反,回归本原,这是道的循环运动方式。"柔"即弱,道的运用不是以暴烈强迫的方式进行,而是以自然柔和、润物无声为特征。所以,道作为天地之始的"无",产生了作为万物之母的"有"。

原 文

反者①,道之动;弱者②,道之用。天下万物生于"有","有"生于"无"。

注 释

①反:同"返",复,循环。第十六章曰:"万物并作,吾以观复。"

②弱:柔弱,柔和。

译 文

循环,是道的运动方式;柔弱,是道的运用特征。天下万物产生于"有","有"产生于"无"。

第四十一章

题 解

　　本章阐发"明道若昧"的道理，重在论道。

　　"道冲，而用之或不盈"（第四章），空虚实用；道"迎之不见其首，随之不见其后"（第十四章），无影无踪；道"微妙玄通，深不可识"（第十五章），藏而不露；道"不自见"、"不自是"、"不自伐"、"不自矜"（第二十二章），俭啬内敛。因此，道的现象和实质似乎是矛盾的，不为一般人认识知晓，这就如同"大白""大方""大器""大音""大象"一样，所以说，"道隐无名"，"明道若昧"。但是，道却"善贷且成"，养育成就了万物。

原 文

　　上士闻道①，勤而行之；中士闻道，若存若亡②；下士闻道，大笑之。不笑，不足以为道。

　　故建言有之③：

　　明道若昧，进道若退，夷道若颣④。

　　上德若谷，广德若不足，建德若偷⑤，质真若渝⑥。

　　大白若辱⑦，大方无隅⑧，大器晚成。

　　大音希声⑨，大象无形，道隐无名。

　　夫唯道，善贷且成⑩。

注 释

　　①上士：上等的士人。

②若存若亡：或许保留或许遗忘。"亡"，通"忘"。

③建言：立言的人。

④纇：不平。

⑤建德若偷：刚健的德好像苟且偷生。建，通"健"。偷，苟且。

⑥质真若渝：质朴纯真好像污秽混浊。

⑦辱：污黑。

⑧隅：角，棱角。

⑨希声：无声。第十四章曰："听之不闻，名曰'希'。"

⑩善贷且成：善于帮助而且成就万物。贷，施与，帮助。

译 文

上士听了道，努力实行；中士听了道，或许保留或许遗忘；下士听了道，哈哈大笑。不被嘲笑，就不足以成为道。

因此，立言的人这样说：

光明的道好像暗昧，前进的道好像后退，坦直的道好像不平。

崇高的德好像低谷，广博的德好像不足，刚健的德好像苟且，质朴纯真好像污秽。

最洁白的好像污黑，最方正的好像无角，最宝贵的器皿最后完成。

最美妙的音乐没有声音，最大的形象没有形体，大道幽隐没有名称。

唯有道，善于帮助而且成就万物。

第四十二章

题解

本章讲述宇宙生成，重在论道。

老子认为，道是一个独立存在的浑沌整体，由道而生出天地，蕴涵着阴阳二气，阴阳二气互相交冲而形成和谐之气，于是就产生了万物。正如第一章曰："无，名天地之始；有，名万物之母。"这就是宇宙生成的过程。

原文

道生一①，一生二②，二生三③，三生万物。

万物负阴而抱阳④，冲气以为和⑤。

注释

①一：指道。道，浑沌而成，独立无偶，故为"一"。第十章曰："载营魄抱一，能无离乎？"第二十二章曰："圣人抱一为天下式。"第三十九章曰："昔之得一者。"

②二：指天地。天为阳，地为阴。

③三：指阳气、阴气、和气。第三十二章曰："天地相合，以降甘露，民莫之令而自均。"即阴阳二气交合形成的和气状态而产生了万物。

④负阴而抱阳：背阴而向阳。

⑤冲气以为和：阴阳二气相交冲而形成和气。

译 文

道整体唯一，一产生天地，天地含有阳、阴二气，互相交冲而产生和谐之气，阴、阳、和三气产生了万物。

万物背阴而向阳，阴阳二气相交冲而形成和气。

第四十三章

本章说明无为的作用和效果，重在治国。

以柔克刚，以弱胜强，是老子反复申明的贵柔之道，第七十八章就曰："天下莫柔弱于水，而攻坚强者莫之能胜，以其无以易之。"由此可以看到无为的作用和效果。然而，天下对此却很少有人了解到；即使是认识到，也未必能够做到。可见，老子反复强调的还是不言无为之道。

原　文

天下之至柔，驰骋天下之至坚①。无有入无间②，吾是以知无为之有益。

不言之教，无为之益，天下希及之③。

注　释

①驰骋：使……奔驰，驱使。

②无有入无间：无有之形可以进入无间隙之中。

③希：少。及：至，到达。

译　文

天下最柔软的东西，可以驱使天下最坚硬的东西。无有之形可以进入无间隙之中，我因此知道无为的好处。

不言的教诲，无为的好处，天下很少有人能够认识到、做得到。

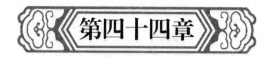

第四十四章

题 解

　　本章强调尊重生命，重在养生。

　　名利财货都是身外之物，都不能与珍贵的生命相比，因此，为争名利而危及自身，实为得不偿失。这种贵身爱身的思想，与俭啬不争的要求相一致，所以，"知足不辱，知止不殆"，就成为必然的人生信条。第二十九章曰："是以圣人去甚，去奢，去泰。"第四十六章曰："祸莫大于不知足，咎莫大于欲得。"与此同理。

原　文

名与身孰亲？身与货孰多①？得与亡孰病②？

甚爱必大费③，多藏必厚亡④。

故知足不辱，知止不殆，可以长久。

注　释

①多：贵重。

②病：痛苦。

③费：耗费。

④厚：厚重

译　文

名声与身体相比哪一个更亲近？生命与财物相比哪一个更贵重？得到与丧失相比哪一个更痛苦？

过分私爱必然要有重大的耗费，太多收藏必然会有厚重的损失。

因此，知道满足就不会受到屈辱，知道休止就不会出现危险，这样才能保持长久。

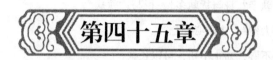

题解

本章论述人品修养，重在修身。

道的法则，要求内敛俭啬。反映在人品修养上，就是所有的"大成""大盈""大直""大巧""大辩"的内涵，都是以"缺""冲""屈""拙""讷"的形式表现出来，不自吹，不自是，不炫耀，不矜恃，以卑下的姿态对人处世，所谓"治人事天，莫若啬"（第五十九章》）。第四十一章曰："上德若谷，广德若不足，建德若偷。"与此同理。所以，清静无为可以为君长，正如第二十六章曰："重为轻根，静为躁君。"

原文

大成若缺①，其用不弊②。

大盈若冲③，其用不穷④。

大直若屈⑤，大巧若拙，大辩若讷⑥，大赢若绌⑦。

静胜躁，寒胜热。清静，为天下正⑧。

注释

①成：善。

②弊：停止。

③冲：本为"盅"，空虚。

④穷：穷尽。

⑤屈：弯曲。

第四十五章

⑥讷：语言困难，口吃。

⑦绌：通"黜"。

⑧正：长，君。

最美好的东西好像残缺，但是它的作用不会停止。

最充盈的东西好像空虚，但是它的作用不会穷尽。

最正直的东西好像弯曲，最灵巧的东西好像笨拙，最雄辩的人才好像口吃，最大的赢利好像亏本。

沉静战胜浮躁，寒冷战胜炎热。清静无为，可以成为天下的君长。

题 解

本章说明贪婪不知足的危害，重在养生。

贵族贪婪不知足，"甚爱必大费，多藏必厚亡"（第四十四章），危及自身生命；侯王贪婪不知足，则发动战争，侵城略地，使得"天下无道，戎马生于郊"，不仅危及自身生命，还会毁弃国家命运。因此，无论对于自身或国家，"祸莫大于不知足，咎莫大于欲得"，知足才能长保，这是养生的要义。

原 文

天下有道，却走马以粪①；天下无道，戎马生于郊②。

祸莫大于不知足，咎莫大于欲得③。故知足之足④，常足矣⑤。

注 释

①却：退回，放回。走马：跑马，战马。粪：《韩非子·解老》曰："凡马之所以大用者，外供甲兵而内给淫奢也。今有道之君，外希用甲兵而内禁淫奢，上不事马于战斗逐北，而民不以马远通淫物，所积力唯田畴。积力于田畴，必且粪灌。故曰'天下有道，却走马以粪'也。"

②戎马：战马。生于郊：在荒郊野外生下马驹。《韩非子·解老》曰："人君者无道，则内暴虐其民，而外侵欺其邻国。内暴虐则民产绝，外侵欺则兵数起；民产绝则畜生少，兵数起则士卒尽；畜生少则戎马乏，士卒尽则军危殆；戎马乏则牸马出，军危殆则近臣役。马者，军之大用；郊

者，言其近也。今所以给军之具于牸马近臣，故曰'天下无道，戎马生于郊矣'。"

③咎：罪过。

④知足之足：知道满足的这种满足。

⑤常足：永远满足。

译文

天下有道，退回战马去运肥播种；天下无道，连怀孕的母马也要上战场，在荒郊野外下下马驹。

祸患没有比不知满足更大的了，罪过没有比贪得无厌更大的了。因此，知道满足的这种满足，才会永远满足啊。

第四十七章

题解

本章论述认知关系，重在修身。

老子认为道是万物的本原，掌握了道就可以洞察一切。而对道的认知，必须"涤除玄鉴"（第十章），自省感悟，只要内心纯净，质朴敦厚，自我修养，认真体会，就可以明道，观照外物。因此，不出户，不阙牖，可以知天道；如果外出实践经验，就会触及社会欲望，污染心灵，而使得耳目蒙蔽，视听混淆，不辨真伪，远离大道，因此要"塞其兑，闭其门"（第五十二章）。显然，这种观点与其清静无为、内敛俭啬的思想是一脉相承的。但是，与老子对道的论述一样，在认识论上则是唯心的。

原文

不出户①，知天下；不阙牖②，见天道。其出弥远③，其知弥少。

是以圣人不行而知，不见而明，不为而成。

注释

①户：单扇门。

②阙：窃视，看。牖：窗子。

③弥：愈，更加。

译文

不出门户，能够知道天下世事；不看窗外，能够了解自然规律。外出愈远，所知愈少。

因此，圣人不出行而知情，不眼见而明白，不作为而成功。

第四十八章

　　本章比较"为学"与"为道"，重在治国。

　　老子反对政教礼义这些外在世俗之学，认为这样的"为学"愈多，伪诈奸邪之事愈多；主张内心纯净，自省感悟，俭约收敛，返璞归真，这样"为道"愈久，私欲私爱愈少，近于无为的大道。因此，第十九章曰："绝圣弃智，民利百倍；绝仁弃义，民复孝慈；绝巧弃利，盗贼无有。此三者，以为文，不足。故令有所属，见素抱朴，少私寡欲，绝学无忧。"显然，所谓"学"就是圣智、仁义、巧利之类，"绝学"对"为学"而言，"见素抱朴，少私寡欲"则是对"为道"而言。所以，"为道"使百姓返璞归真而自化，就可以治理天下；如果"为学"扰乱天下，胡作非为，则适得其反。

原　文

　　为学日益[①]，为道日损[②]。损之又损，以至于无为。

无为而无不为③。取天下常以无事④，及其有事⑤，不足以取天下。

注释

①为学日益：研究世俗学问，则伪诈奸邪一天天增加。

②为道日损：修行自然天道，则私欲私爱一天天减少。天道指清静无为之道。

③无为而无不为：顺应自然不妄为，就能够无所不为。参见第三十七章。

④取：为，治理。无事：无所事事，无妄为之事。

⑤有事：有所事事，指严刑峻法之类苛政。

译文

研究世俗学问，伪诈奸邪一天天增多；修行自然天道，私欲私爱一天天减少。减少而又减少，一直到无为的状态。

顺应自然不妄为，就能够无所不为。治理天下经常凭借无所事事，等到有所事事，实行苛政，就不能够治理天下了。

第四十九章

本章论述善待百姓、浑沌其心的道理，重在治国。

作为行道之人，没有私心，对善者与不善者一律善待，对信者与不信者一律相信，因此，天下和谐，没有被抛弃的人。正如第二十七章曰："是以圣人常善救人，故无弃人；常善救物，故无弃物，是谓'袭明'。"而真正要使民自化，就必须绝弃百姓的耳目私欲，即"塞其兑，闭其门"（第五十二章），浑沌其心，返璞归真，才能像婴儿般纯厚。

原 文

圣人常无心①，以百姓心为心。

善者，吾善之；不善者，吾亦善之，德善②。

信者，吾信之；不信者，吾亦信之，德信。

圣人在天下，歙歙焉③，为天下浑其心④。百姓皆注其耳目⑤，圣人皆孩之⑥。

注 释

①常无心：永远没有私心。

②德：通"得"。

③歙歙：收敛，谨慎。

④浑：浑沌。

⑤注：专注。

⑥孩：婴孩，儿童。第十章曰："专气致柔，能如婴儿乎？"第二十章

89

曰："沌沌兮，如婴儿之未孩。"第二十八章曰："为天下谿，常德不离，复归于婴儿。"

译文

圣人永远没有私心，把百姓的心作为自己的心。

善良的人，我善待他；不善良的人，我也善待他，这就得到了善良。

诚信的人，我信任他；不诚信的人，我也信任他，这就得到了诚信。

圣人在天下，总是谨慎的样子，为天下而浑沌百姓的心，使他们返璞归真。百姓们都专注自己的耳目欲望，圣人则要使他们回复到婴孩般纯厚质朴。

第五十章

本章论述保护生命的方法，重在养生。

老子对人生进行分析，"生之徒，十有三；死之徒，十有三"，这是正常自然的生死状况。另外，"人之生，动之于死地，亦十有三"，即因为养生太厚而缩短了生命，这才是论述的重点。因此讲到善于养生的人，应该避开死地，形象地说就是避开虎兕、战争，实际上就是见素抱朴，少私寡欲，杜绝声色犬马，生活清静恬淡，一切顺应自然，才能安享天年。

这种思想影响到后世。比如《吕氏春秋·本生》曰："富贵而不知道，适足以为患，不如贫贱。贫贱之致物也难，虽欲过之，奚由？出则以车，入则以辇，务以自佚，命之曰'招蹶之机'；肥肉厚酒，务以自强，命之曰'烂肠之食'；靡曼皓齿，郑卫之音，务以自乐，命之曰'伐性之斧'。三患者，富贵之所致也。故古之人有不肯富贵者矣，由重生故也。"

原 文

出生入死。生之徒[①]，十有三；死之徒[②]，十有三；人之生，动之于死地[③]，亦十有三。夫何故？以其生生之厚[④]。

盖闻善摄生者[⑤]，陆行不遇兕虎[⑥]，入军不被甲兵[⑦]；兕无所投其角[⑧]，虎无所用其爪，兵无所容其刃。夫何故？以其无死地。

注 释

①生之徒：正常活着的人。

②死之徒：夭折死去的人

③死地：死亡之地。

④生生之厚：养生的过分丰厚。

⑤摄生：养护生命。

⑥兕虎：独角犀牛和老虎。泛指野兽。

⑦被：触及，遭受。

⑧投：掷，撞击。

译 文

出世为生，入土为死。天下正常活着的人，占十分之三；夭折死去的人，占十分之三；人活着，却行动在死亡之地，也占十分之三。这是什么缘故呢？因为他们养生过分丰厚奢侈，而糟蹋缩短了生命。

听说那些善于养护生命的人，在陆地上行走不会遇到野兽，在战争中不会触及兵器；犀牛没有地方撞击它的角，老虎没有地方使用它的爪，兵器没有地方容纳它的刃。这是什么缘故呢？因为他就没有进入死亡之地。

第五十一章

本章重申"生而不有",重在论道。

道化生、养育、区别、成就万物,是万物之母。虽然受到尊崇,却不号令,不占有,不自恃,不主宰,一切顺应自然,具有深妙的品德。正如第二章曰:"是以圣人处无为之事,行不言之教;万物作而弗始,生而弗有,为而弗恃,功成而弗居。夫唯弗居,是以不去。"

原 文

道生之①,德畜之②,物形之③,势成之④。是以万物莫不尊道而贵德。道之尊,德之贵,夫莫之命而常自然。

故道生之,德畜之,长之育之⑤,亭之毒之⑥,养之覆之⑦。生而不有,为而不恃,长而不宰,是谓"玄德"⑧。

注 释

①道生之:道化生万物。

②德畜之:德养育万物。

③物形之:用不同形态区别万物。

④势成之:在各种环境成就万物。

⑤长之育之:使万物成长发育。

⑥亭之毒之:使万物结果成熟。

⑦养之覆之:给万物抚育保护。

⑧玄德:深妙的德性。

译文

道化生万物，德养育万物，用不同形态区别万物，在各种环境成就万物。因此，万物没有不尊崇道而珍贵德的。道受到尊崇，德受到珍贵，是因为道和德没有对万物发号施令而永远顺应自然。

所以，道化生万物，德养育万物，使万物成长发育，使万物结果成熟，给万物抚育保护。生长万物而不占有，抚育万物而不自恃，长养万物而不主宰，这就叫"玄德"。

第五十二章

本章论述持守大道，重在修身。

道是万物之母，由母知子，由子知母，永远持守大道就能终身安泰。要守道必须"塞其兑，闭其门"，杜绝排除外界私欲功利的诱惑和干扰，否则终身有难。只有"见小""守柔"，不事张扬炫耀，坚持深藏不露，才能永保太平。

原 文

天下有始①，以为天下母②。既得其母，以知其子③；既知其子，复守其母。没身不殆。

塞其兑④，闭其门⑤，终身不勤⑥；开其兑，济其事⑦，终身不救。

见小曰"明"⑧，守柔曰"强"⑨。用其光⑩，复归其明⑪，无遗身殃，是为"袭常"⑫。

注 释

①始：初始。指道。

②母：本原。第一章曰："无，名天下之始；有，名万物之母。"第二十章曰："我独异于人，而贵食母。"

③子：指万物。

④兑：口，指嗜欲的感官。兑为八卦之一，《周易·说卦》曰："兑，说也。""兑为口。""兑为口舌。"

⑤门：门径，指巧利的途径。

⑥勤：劳。

⑦济其事：成就世间的庶事。济，成。

⑧见小曰"明"：能看见细微叫"明"。

⑨守柔曰"强"：能坚守柔弱叫"强"。第十章曰："专气致柔，能如婴儿乎？"第七十六章曰："强大处下，柔弱处上。"第七十八章曰："弱之胜强，柔之胜刚，天下莫不知，莫能行。"

⑩光：智力之光。

⑪明：内省之明。

⑫袭常：承袭永恒的道。

 译 文

　　天下必有初始的道，作为万物的本原。既然得知本原，就知道万物；既然知道万物，就持守本原。这样，终身没有危险。

　　堵塞嗜欲的感官，关闭巧利的门径，终身不劳；打开嗜欲的感官，成就世间的庶事，则终身不可救药。

　　能看见细微叫"明"，能坚守柔弱叫"强"。使用智力之光，回复内省之明，不要给自身留下祸殃，这就是承袭永恒的道。

第五十三章

本章揭发统治者穷奢极欲的罪恶行径，重在砭时。

老子处于乱世，贫富对立严重，社会矛盾尖锐。统治者巧取豪夺，锦衣玉食，声色犬马，生活糜烂，使得国库空虚，田园荒芜，民不聊生，生灵涂炭。因此，老子认为统治者走的是邪恶之路，他们是一伙强盗头子，对他们进行了强烈的控诉和诅咒！

原 文

使我介然有知①，行于大道，唯施是畏②。

大道甚夷③，而人好径④。朝甚除⑤，田甚芜，仓甚虚；服文彩，带利

剑，厌饮食⑥，财货有余，是为盗夸⑦。非道也哉！

注释

①使：假如。介，微小，稍微。

②施：斜，邪。

③夷：平坦。

④径：邪路。

⑤除：修饰。

⑥厌：饱足。

⑦盗夸：大盗，强盗的首领。《韩非子·解老》中"盗夸"作"盗竽"，曰："竽也者，五声之长者也，故竽先则钟瑟皆随，竽唱则诸乐皆和。今大奸作，则俗之民唱；俗之民唱，则小盗必和。故服文采，带利剑，厌饮食，而资货有余者，是之谓'盗竽'矣。"夸，通"竽"，"盗夸"即"盗竽"。

译文

假如我稍微有些知识，在大道上行走，就害怕走入邪路。

大道很平坦，而那些侯王就喜欢走邪路。朝廷装饰非常豪华，田园非常荒芜，仓库非常空虚；而他们穿戴锦绣的衣冠，佩带锋利的宝剑，饱食丰盛的宴席，占有充余的财物，他们就是强盗的首领。真是无道啊！

第五十四章

本章强调以道修德，普化天下，重在修身。

子孙相继，祭祀不辍，是以血缘为纽带的农耕民族的本能愿望和追求。为了实现这个目标，必须修德，这是治身、治家、治乡、治邦、治天下的关键所在。因为，"孔德之容，惟道是从"（第二十一章）。道为德之内容、本体，德为道之形式、功用，所以，归根到底，仍在于重道。

原 文

善建者不拔①，善抱者不脱②，子孙以祭祀不辍③。

修之于身，其德乃真；修之于家，其德乃余；修之于乡，其德乃长；修之于邦，其德乃丰；修之于天下，其德乃普。

故以身观身，以家观家，以乡观乡，以邦观邦，以天下观天下。吾何以知天下之然哉？以此④。

注 释

①拔：拔除。

②脱：脱离。

③辍：停止，断绝。

④以此：就因为这个道理。《韩非子·解老》曰："为人子孙者，体此道以守宗庙，不灭之谓'祭祀不绝'。身以积精为德，家以资财为德，乡国天下皆以民为德，今治身而外物不能乱其精神，故曰'修之身，其德乃真'。真者，慎之固也。治家者，无用之物不能动其计，则资有余，故曰

'修之家，其德有余'。治乡者行此节，则家之有余者益众，故曰'修之乡，其德乃长'。治邦者行此节，则乡之有德者益众，故曰'修之邦，其德乃丰'。莅天下者行此节，则民之生莫不受其泽，故曰'修之天下，其德乃普'。修身者，以此别君子小人；治乡、治邦、莅天下者，各以此科适观息耗，则万不失一。故曰：'以身观身，以家观家，以乡观乡，以邦观邦，以天下观天下。吾奚以知天下之然也？以此。'"

译文

善于建树的人不可拔除，善于抱持的人不会脱离，子子孙孙遵循大道就永远祭祀不断绝。

用道修养自身，他的德就纯真；修养一家，他的德就充余；修养一乡，他的德就长久；修养邦国，他的德就丰硕；修养全天下，他的德就普遍。

因此，从自身之德观察他人之德，从自家之德观察他家之德，从自己家乡之德观察其他地区之德，从自己国家之德观察其他国家之德，从今日天下之德观察未来天下之德。我凭什么知道天下的情况呢？就是运用的这个道理和方法。

第五十五章

题 解

本章论厚德之人，重在修身。

老子以赤子比喻厚德之人，认为赤子质朴纯真，元气充沛，筋骨柔弱，内力刚强，精神和谐，这正是行道之人必须具备的品德修养。唯有如此，才能有效地克制内部的欲望和冲动，抵制外部的伤害和影响，归于大道。

原 文

含德之厚，比于赤子。毒虫不螫①，猛兽不据②：攫鸟不搏③。骨弱筋柔而握固，未知牝牡之合而朘作④，精之至也。终日号而不嗄⑤，和之至也⑥。

知和曰常⑦，知常曰明。益生曰祥⑧，心使气曰强⑨。

物壮则老，谓之不道。不道早已⑩。

注 释

①毒虫不螫：蜂虿之类毒虫不蜇刺。螫，蜂虿行毒螫人。

②猛兽不据：虎豹之类猛兽不抓伤。据，通"摅"，兽以爪抓物为据。

③攫鸟不搏：鹰隼之类凶禽不搏持。

④朘：小男孩儿的生殖器。

⑤嗄：哑。

⑥和：和气。第四十二章曰："冲气以为和。"

⑦常：指永恒不变的规律。第十六章曰："复命曰'常'，知常曰

'明'。"

⑧益生：有益于养生。

⑨心使气：欲念放纵任气。

⑩物壮则老，谓之不道。不道早已：第三十章同此。

　　人饱含深厚的德，可以比得上初生的婴儿。蜂蚕之类毒虫不蜇刺他，虎豹之类猛兽不抓伤他，鹰隼之类凶禽不搏持他。婴儿筋骨柔弱而拳头紧握，不知男女交合而小生殖器翘起，这是精气非常充足的缘故。整天号哭而嗓子不哑，这是和气充盈的缘故。

　　知道和气叫"常"，知道"常"叫"明"。有益于养生叫"祥"，欲念放纵任气叫"强"。

　　事物发展到盛壮就要衰老，就不符合道。不符合道就会提早消亡。

第五十六章

题解

本章阐发不言之教、混同亲疏的道理，重在治国。

第五十九章曰："治人事天，莫若啬。"第六十五章曰："古之善为道者，非以明民，将以愚之。"其具体方法就是"挫锐"、"解纷"、"和光"、"同尘"。因为，"圣人不仁"（第五章），"天道无亲"（第七十九章），"是以圣人之治，虚其心，实其腹，弱其志，强其骨。常使民无知无欲，使夫智者不敢为也。为无为，则无不治"（第三章），所以，不分亲疏，不分利害，不分贵贱，圣人才为天下贵。

原文

知者不言，言者不知①。

挫其锐，解其纷，和其光②，同其尘③，是谓"玄同"④。

故不可得而亲，不可得而疏；不可得而利，不可得而害；不可得而贵，不可得而贱。故为天下贵。

注释

①知者不言，言者不知：聪明的人不发号施令，发号施令的人不聪明。

②和其光：混合他们辨识万物的智力之光。第五十二章曰："用其光，复归其明。"

③同其尘：规范他们动作行为的世俗之尘。以上四句错简重出于第四章，当移于此。

④玄同：玄妙混同的境界，即道的境界。第二十五章曰："有物混成，先天地生。"

译 文

聪明的人不发号施令，发号施令的人不聪明。

挫折人们的锐气，解决人们的纠纷，混合他们辨识万物的智力之光，规范他们动作行为的世俗之尘，这就是"玄同"。

因此，对百姓不能亲，不能疏；不能利，不能害；不能贵，不能贱。所以，就被天下人尊重。

第五十七章

题 解

本章论述清静无为，重在治国。

老子主张清静无为，并非空穴来风，面壁虚构，而是针对乱世进行冷静地观察思考后确认，统治者所谓"有为"，就是人间动乱不安的根源。因此，第十九章曰："绝圣弃智，民利百倍；绝仁弃义，民复孝慈；绝巧弃利，盗贼无有。"第三十七章曰："道常无为而无不为。侯王若能守之，万物将自化。"这就是老子解决治国问题的思路和方法，本章是进一步的论述和阐发。

原 文

以正治国①，以奇用兵②，以无事取天下③。吾何以知其然哉？以此：天下多忌讳④，而民弥贫；人多利器⑤，国家滋昏；人多伎巧⑥，奇物滋起；法令滋彰⑦，盗贼多有。

故圣人云："我无为，而民自化；我好静，而民自正；我无事，而民自富；我无欲，而民自朴。"

注 释

①以正治国：以无为正道治理国家。正，正道。

②以奇用兵：以诡异奇谋指挥战争。奇，奇谋。

③以无事取天下：以无所事事管理天下。第四十八章曰："取天下常以无事，及其有事，不足以取天下。"第六十章曰："治大国，若烹小鲜。"取，为，治理，管理。

④忌讳：禁忌，指戒律禁令。

⑤利器：锐利的武器，权谋。第三十六章曰："鱼不可脱于渊，国之利器不可以示人。"

⑥伎巧：技能智慧。

⑦滋彰：繁多显明。

译文

以无为正道治理国家，以诡异奇谋指挥战争，以无所事事管理天下。我为什么知道是这样呢？从这些事情可以看出：天下多禁忌，百姓就愈贫穷；人们多权谋，国家就愈昏乱；人们多技巧，奇事就多发生；法令繁多显明，盗贼就多出现。

因此，圣人说："我无所作为，而百姓就自我教化；我喜欢清静，而百姓自然端正；我无所事事，而百姓自己富足；我没有私欲，而百姓自然质朴。"

第五十八章

题 解

本章讲述对立转化的道理，重在治国。

"其政闷闷"，是清静无为之政，由于圣人"不割""不刿""不肆""不耀"，因此百姓纯厚知足，安居乐业；"其政察察"，是精明严酷之政，统治者以智治国，政令繁多，百姓深受压迫剥削，因此百姓生活匮乏，不得温饱。其结果正好相反。所以，祸与福相倚依，正复为奇，善复为妖，并没有一定的标准。可见，老子确实认识并揭示了对立双方转化的现象和规律。但是，矛盾的转化并不是自然发生的，必须在一定的外部条件下才能进行并得以实现。正是在这个问题上，老子没有深入论述，反映了他的思想局限。

原 文

其政闷闷①，其民淳淳②；其政察察③，其民缺缺④。

祸兮，福之所倚⑤；福兮，祸之所伏⑥。孰知其极⑦？其无正也⑧。正复为奇⑨，善复为妖⑩。人之迷，其日固久。

是以圣人方而不割⑪，廉而不刿⑫，直而不肆⑬，光而不耀⑭。

注 释

①闷闷：质朴的样子。第二十章曰："俗人察察，我独闷闷。"

②淳淳：淳厚知足的样子。

③察察：精明、严酷的样子。

④缺缺：欠缺、不满足的样子。第六十五章曰："古之善为道者，非以明民，将以愚之。民之难治，以其智多。故以智治国，国之贼；不以智治国，国之福。"

⑤倚：倚傍，依靠。《韩非子·解老》曰："人有祸则心畏恐，心畏恐则行端直，行端直则思虑熟，思虑熟则得事理。行端直则无祸害，无祸害则尽天年；得事理则必成功，尽天年则全而寿；必成功则富与贵，全寿富贵之谓福。而福本于有祸，故曰'祸兮，福之所倚'，以成其功也。"

⑥伏：隐藏，潜伏。《韩非子·解老》曰："人有福则富贵至，富贵至则衣食美，衣食美则骄心生，骄心生则行邪僻而动弃理。行邪僻则身死夭，动弃理则无成功。夫内有死夭之难，而外无成功之名者，大祸也。而祸本生于有福，故曰'福兮，祸之所伏'。"

⑦极：终极的结果。

⑧正：定准，标准。

⑨正复为奇：正又变为邪。奇，诡异不正，邪。

⑩善复为妖：善再变为恶。妖，恶。

⑪方而不割：方正而不割伤人。第二十八章曰："故大制不割。"

⑫廉而不刿：性格刚强而不戳伤人。刿，伤。

⑬直而不肆：正直而不放肆。

⑭光而不耀：光鲜而不炫耀。《韩非子·解老》曰："所谓方者，内外相应也，言行相称也。所谓廉者，必生死之明也，轻恬资财也。所谓直者，义必公正，心不偏党也。所谓光者，官爵尊贵，衣裘壮丽也。"

译文

一国的政治质朴，它的百姓就纯厚知足；一国的政治严酷，它的百姓就欠缺不满足。

灾祸，是幸福倚傍的地方；幸福，是灾祸潜伏的地方。谁知道它们极终的结果呢？大概没有一个标准。正又变为邪，善再变为恶。人们的迷惑，时日实在很久了。

因此，圣人的言行方正而不割伤人，性格刚强而不戳伤人，直率而不放肆，光鲜而不炫耀。

第五十九章

题 解

本章讲述俭啬之道，重在修身。

俭啬，老子视为人生三宝之一（第六十七章）。所谓俭啬，就是爱惜自身，收敛精神，内心纯朴，不事炫耀，因此，要早服道，重积德，不断聚积内力，永立不败之地。所以，俭啬用以修身，则谦恭卑弱，守雌处下；用于治国，则处无为之事，行不言之教，这就是长生久存之道。

原 文

治人事天①，莫若啬②。

夫唯啬，是谓早服③；早服，谓之重积德④；重积德，则无不克；无不克，则莫知其极⑤；莫知其极，可以有国；有国之母⑥，可以长久。是谓深根固柢、长生久视之道⑦。

注 释

①治人事天：治理百姓，敬事天地。

②啬：爱惜精神，收敛知识。《韩非子·解老篇》曰："书之所谓'治人'者，适动静之节，省思虑之费也。所谓'事天'者，不极聪明之力，不尽知识之任。苟极尽则费神多，费神多则盲聋悖狂之祸至，是以啬之。啬之者，爱其精神，啬其智识也。故曰'治人事天，莫如啬'。"

③早服：趁早服从道。《韩非子·解老篇》曰："夫能啬也，是从于道而服于理也。众人离于患，陷于祸，犹未知退，而不服从道理；圣人虽未见祸患之形，虚无服从于道理，以称蚤服。故曰'夫谓啬，是以蚤服'。"

④重积德：多积累德。重，多。《韩非子·解老》曰："知'治人'者其思虑静，知'事天'者其孔窍虚。思虑静故德不去，孔窍虚则和气日入。故曰'重积德'。夫能令故德不去，新和气日至者，蚤服者也。故曰'蚤服，是谓重积德'。"

⑤极：极点，尽头。

⑥母：道，根本。《韩非子·解老》曰："所谓'有国之母'，母者道也。道也者，生于所以有国之术。所以有国之术，故谓之有国之母。夫道以与世周旋者，其建生也长，持禄也久，故曰'有国之母，可以长久'。"

⑦长生久视：长久存在。《韩非子·解老》曰："树木有曼根，有直根。根者，书之所谓柢也。柢也者，木之所以建生也。曼根者，木之所以持生也。德也者，人之所以建生也。禄也者，人之所以持生也。今建于理者，其持禄也久，故曰深其根体其道者。其生日长，故曰固其柢。柢固则生长，根深则视久。故曰'深其根，固其柢，长生久视之道'也。"

译文

治理百姓，敬事天地，没有比爱惜精神、收敛知识更重要。

正因为"啬"，所以要趁早服从道；趁早服从道，就要多多积德；多多积德，就战无不胜；战无不胜，就没有人知道他力量的极点；没有人知道他力量的极点，就可以拥有国家；掌握国家的根本大道，就可以长治久安。这就是根深蒂固、长久永存的道理。

第六十章

题 解

本章论述清静无为，两不相伤，重在治国。

在老子看来，治国之道，在于顺应自然，清静无为，而不要繁令苛政，扰民害民。这就如同煎小鱼，反复翻动则无完鱼。只要以道治国，鬼神与圣人都不侵害百姓，百姓即可安享太平。这就是"我无为，而民自化；我好静，而民自正；我无事，而民自富；我无欲，而民自朴"（第五十七章）。

原 文

治大国，若烹小鲜①。

以道莅天下②，其鬼不神③。非其鬼不神，其神不伤人；非其神不伤人，圣人亦不伤人④。夫两不相伤⑤，故德交归焉⑤。

注 释

①烹小鲜：煎小鱼。烹，煎煮。鲜，鱼。《韩非子·解老篇》曰："故以理观之，事大众而数摇之，则少成功；藏大器而数徙之，则多败伤；烹小鲜而数挠之，则贼其宰；治大国而数变法，则民苦之。是以有道之君，贵虚静而重变法。故曰：'治大国者，若烹小鲜。'"所谓"数挠之"，即多次翻动。所谓"贼其宰"，即鱼翻烂了，伤害了宰夫的烹饪之功。也就是说，煎小鱼不能多次翻动，治国家不能朝令夕改，有道之君要虚静无为，不要变动治国之道，所以，"治大国若烹小鲜"。

②莅：临。

111

③神：灵。《韩非子·解老》曰："人处疾则贵医，有祸则畏鬼。圣人在上则民少欲，民少欲则血气治而举动理，举动理则少祸害。夫内无痤疽瘅痔之害，而外无刑罚法诛之祸者，其轻恬鬼也甚。故曰'以道莅天下，其鬼不神'。"

④两不相伤：鬼怪与圣人都不伤害人。《韩非子·解老》曰："治世之民，不与鬼神相害也。故曰'非其鬼不神也，其神不伤人也'。鬼祟也疾人之谓鬼伤人，人逐除之之谓人伤鬼也。民犯法令之谓民伤上，上刑戮民之谓上伤民。民不犯法则上亦不行刑，上不行刑之谓上不伤人，故曰'圣人亦不伤民'。上不与民相害，而人不与鬼相伤，故曰'两不相伤'。"

⑤德交归焉：功德恩泽都归向百姓。《韩非子·解老》曰："民不敢犯法，则上内不用刑罚，而外不事利其产业。上内不用刑罚而外不事利其产业则民蕃息，民蕃息而蓄积盛。民蕃息而蓄积盛之谓有德。凡所谓祟者，魂魄去而精神乱，精神乱则无德。鬼不祟人则魂魄不去，魂魄不去则精神不乱，精神不乱之谓有德。上盛蓄积而鬼不乱其精神，则德尽在于民矣。故曰'两不相伤，则德交归焉'。言其德上下交盛而俱归于民也。"

译文

治理大国，如同煎小鱼，不要多次翻动。

用道临治天下，那些鬼怪都不显灵。不是那些鬼怪不灵，显灵也不伤人；不仅鬼怪不伤人，圣人也不伤人。这样，鬼怪与圣人都不伤人，因此，功德恩泽都归向百姓。

第六十一章

题　解

本章讲述大国居下流的道理，重在治国。

老子处在诸侯割据的年代，以大欺小、以强凌弱的兼并战争是经常发生的，给百姓带来极大的苦难。为了天下太平，他根据自己"知其雄，守其雌"（第二十八章）的观念，要求大国应该主动地谦下包容，善待小国，不能骄横自傲，恃强争霸。这样，大国可以会聚统辖小国，小国也可以被大国会聚统辖，避免战争，各得其所，和平相处，百姓安宁，何乐而不为？老子的主张，表现了反对战乱、反对争霸的善良愿望，应该肯定。但是，大国未必只是"欲兼畜人"，小国也未必愿意"欲入事人"，老子把诸侯国的血腥战争理想化了，只能成为脱离现实的幻想。

原　文

大邦者下流①，天下之牝，天下之交也②。牝常以静胜牡，以静为下。

故大邦以下小邦，则取小邦③；小邦以下大邦，则取大邦。故或下以取，或下而取。大邦不过欲兼畜人④，小邦不过欲入事人⑤，夫两者各得所欲。大者宜为下。

注　释

①大邦者下流：大国要像江河一样处于下流。

②天下之牝，天下之交也：处于天下雌柔的位置，那是天下万方交汇的地方。

③取：通"聚"，会聚，统辖。

④兼畜人：聚养众人。

⑤入事人：入事他人。

译文

　　大国要像江河一样处于下流，也就是处于天下雌柔的位置，那是天下万方交汇的地方。雌柔经常凭着静定战胜雄强，就是因为静定处于下方的缘故。

　　因此，大国以谦下的态度对待小国，就能会聚统辖小国；小国以谦下的态度对待大国，就能被大国会聚统辖。所以，大国有时以谦下的态度统辖小国，小国有时以谦下的态度被大国统辖。大国不过想聚养众人（小国），小国不过想入事他人（大国），双方都实现了自己的愿望。大国更应该具有谦下的态度。

第六十二章

题 解

本章说明守道的重要，重在修身。

道庇护万物，是天地的主宰，有求必得，有罪必免，因此，善人与不善人都离不开，这比立天子、置三公、聘问诸侯的烦琐礼仪更为有效实用，所以，天下人都看重清静无为的大道。

原 文

道者，万物之奥①。善人之宝，不善人之所保②。

美言可以市尊③，美行可以加人④。人之不善，何弃之有⑤？故立天子，置三公，虽有拱璧以先驷马⑥，不如坐进此道⑦。

古之所以贵此道者何？不曰：求以得，有罪以免邪？故为天下贵。

注 释

①奥：主，主宰。

②所保：保存的东西。

③市尊：博取尊敬。市，买，取。

④加人：见重于人。加，重也。

⑤何弃之有：为什么要抛弃道呢？

⑥虽有拱璧以先驷马：虽然以捧璧在先、驷马车在后的礼仪去交游诸侯。拱璧，双手捧着璧玉。驷马，四匹马拉的车。

⑦不如坐进此道：不如安坐而深入此道。

道，是万物的主宰。它是善良人的法宝，不善良的人也必须保存。

　　美好的言论可以博取人们的尊敬，美好的行为可以受到人们的重视。人即使是不善，为什么要抛弃道呢？因此，树立天子，设置三公，虽然以捧璧在先、驷马车在后的礼仪去交游诸侯，还不如安坐而深入此道。

　　古代之所以重视此道的原因是什么？不就是说：有求必有所得，有罪就可以免除吗？所以，被天下人所珍重。

第六十三章

本章阐发由小成大、由少成多的道理，重在修身。

事物的产生发展都是由小变大，由少变多，因此，对于难事要从易处着手，对于大事要从小处着手，所以"为无为"就是为了有为，"事无事"就是为了成事，"味无味"就是为了品味。圣人"终不为大"，就是为了"能成其大"。这就是说，必须慎重缜密地对待一切困难，不要轻易许诺，草率从事，这样由易而难，由小而大，就能够成功。

原 文

为无为，事无事，味无味。

大小多少①。图难于其易，为大于其细。天下难事，必作于易；天下大事，必作于细。是以圣人终不为大②，故能成其大。

夫轻诺必寡信③，多易必多难④。是以圣人犹难之⑤，故终无难矣。

注 释

①大小多少：大生于小，多起于少。

②终不为大：始终不自以为大。

③轻诺必寡信：轻易承诺必然很少遵守信用。

④多易必多难：把事情看的太容易必然会遭受很多困难。

⑤犹：均，都。

译 文

作无为之为，行无事之事，品无味之味。

大生于小，多起于少。图谋困难的事情要趁它容易的时候，处理重大的事情要在它细小的时候。因为天下的难事，必须从容易的地方做起；天下的大事，必须从细小的地方做起。因此，圣人始终不自以为大，所以，能够成就他的伟大。

轻易承诺必然很少守信用，把事情看得太容易必然遭受很多困难。因此，圣人遇事都看得困难，所以最终就没有困难。

第六十四章

　　本章继续论述未雨绸缪、未兆易谋的道理，重在治国。

　　任何事物都有形成的过程，萌芽生成大树，累土筑就高台，跬步积累千里，因此，凡事只要预先谋划，有所准备，慎重对待，有始有终，"为之于未有，治之于未乱"，就可以战胜困难。

原　文

　　其安易持①，其未兆易谋②；其脆易泮③，其微易散④。为之于未有，治之于未乱。

　　合抱之木，生于毫末⑤；九层之台，起于累土⑥；千里之行，始于足下。

　　民之从事，常于几成而败之⑦。慎终如始，则无败事。

　　是以圣人欲不欲，不贵难得之货；学不学，复众人之所过⑧。以辅万物之自然，而不敢为。

注　释

　　①其安易持：那里形势安定，就容易把握。

　　②其未兆易谋：那里事故尚无征兆，就容易谋划。

　　③其脆易泮：那里力量脆弱，就容易消解。泮，散。

　　④其微易散：那里问题细微，就容易分散。

　　⑤毫末：细微的萌芽。

　　⑥累土：积累的泥土。

⑦几成：接近成功。

⑧复：挽回。

那里形势安定，就容易把握；那里事故尚无征兆，就容易谋划；那里力量脆弱，就容易消解；那里问题细微，就容易分散。处理要在矛盾尚未出现的时候，治理要在混乱尚未发生的时候。

合抱粗的大树，生长于细微的萌芽；九层高的楼台，起始于积累的泥土；千里的远行，开始于自己的脚下。

百姓做起事情，经常在接近于成功的时候却失败了。如果像慎重对待开始一样对待结束，就没有失败的事情。

所以圣人意欲他人所不欲，不以难得之货为贵；学习他人所不学，挽回众人的过错。用来辅助万物的自然发展，而不敢有所作为。

第六十五章

本章强调返璞归真，重在治国。

老子认为，因为统治者以智治国，而百姓巧以应付，所以，奸伪丛生，天下大乱，即所谓"大道废，有仁义；智慧出，有大伪"（第十八章），这就是"以智治国，国之贼"的理论根据。由此，老子主张"绝圣弃智""绝仁弃义""绝巧弃利"，而让百姓"见素抱朴，少私寡欲，绝学无忧"（第十九章），即"非以明民，将以愚之"，以顺应大自然的规律。由此可知，老子是针对奸诈虚伪之风横流的社会现实，而提出"愚之"，即回归到质朴纯真的天性，目的在于"民利百倍""民复孝慈""盗贼无有"。因此，老子所说的"愚"，指的是符合自然规律的质朴纯真，不能简单地理解为愚民政策。

原　文

古之善为道者，非以明民①，将以愚之②。

民之难治，以其多智。故以智治国，国之贼③；不以智治国，国之福。知此两者，亦稽式④。常知稽式，是谓"玄德"。"玄德"深矣，远矣，与物反矣⑤，然后乃至大顺⑥。

注　释

①明民：让百姓聪明巧智。

②愚之：使百姓质朴淳厚。第三章曰："是以圣人之治，虚其心，实其腹，弱其志，强其骨。常使民无知无欲。"第十九章曰："少私寡欲，绝

学无忧。"第二十章曰："俗人昭昭，我独昏昏；俗人察察，我独闷闷。"第四十九章曰："圣人在天下，歙歙焉，为天下浑其心。百姓皆注其耳目，圣人皆孩之。"第五十二章曰："塞其兑，闭其门，终身不勤。"第五十六章曰："挫其锐，解其纷，和其光，同其尘，是谓'玄同'。"

③贼：害。

④稽式：法则，楷模。式，法。

⑤反：同"返"，返回。

⑥大顺：顺应自然。

译 文

古代善于行道的人，并不是让百姓聪明巧智，而是将使百姓质朴纯厚。

百姓难以治理，是因为他们的巧智太多。因此，用巧智治理国家，就是国家的祸害；不用巧智治理国家，就是国家的幸福。

知道这两者的差别，也就是法则。经常认识这个法则，就是"玄德"。"玄德"深沉啊，幽远啊，与万物返回到质朴的本原，就可以顺应大自然的规律。

第六十六章

题 解

本章论述谦下卑弱的道理，重在治国。

老子以江海为百谷之首为喻，说明"善下"的重要性。统治者高居百姓之上，剥削压迫，作威作福，百姓必然认为是沉重的压力和负担，进而激化矛盾，造成动乱，因此，统治者一定要言下身后，谦恭卑弱，才能"处上而民不重，处前而民不害"，即所谓"太上，不知有之"（第十七章）。这样，才会永远处于"莫能与之争"的有利地位。

原 文

江海所以能为百谷王者①，以其善下之②，故能为百谷王。

是以圣人欲上民③，必以言下之；欲先民④，必以身后之。是以圣人处上而民不重，处前而民不害。是以天下乐推而不厌。以其不争，故天下莫能与之争。

注 释

①百谷王：百川的首领，河流的汇聚之地。谷，即川。

②下之：处于其下。第八章曰："上善若水。水善利万物而不争，处众人之所恶，故几于道。"第二十八章曰："知其雄，守其雌，为天下豀。为天下溪，常德不离，复归于婴儿。知其白，守其辱，为天下谷。为天下谷，常德乃足，复归于朴。"第六十一章曰："大者宜为下。"

③上民：处于民上，统治百姓。

④先民：处于民先，领导百姓。第七章曰："是以圣人后其身而身先，

外其身而身存。以其无私，故能成其私。"

 译 文

　　江海所以能够成为百川汇流的地方，是因为它善于处在低下的位置，所以，能够成为百川的首领。

　　因此，圣人要统治百姓，必须用言词对百姓表示谦下；要领导百姓，必须把自身放在百姓的后面。所以，圣人处于上位而百姓不感到沉重，处于前位而百姓不感到危害。所以，天下百姓乐意拥戴而不厌恶。因为他不争，所以天下没有谁与他争。

第六十七章

本章讲解人生之宝，重在修身。

老子说自己有三宝：慈爱，俭啬，不敢为天下先（即谦下）。慈爱则不凶残，俭啬则不放纵，谦下则不争夺，这正是老子有感而发、一再强调的圣人具有的品德修养，背弃三宝就走向死路。这里，特别强调慈爱的作用，显然是针对当时残酷无情的暴政和烧杀抢掠的战争而言。

原 文

我有三宝，持而保之①：一曰慈②，二曰俭③，三曰不敢为天下先④。慈，故能勇⑤；俭，故能广⑥；不敢为天下先，故能成器长⑦。

今舍慈且勇，舍俭且广，舍后且先，死矣！

夫慈，以战则胜，以守则固⑧。天将救之，以慈卫之。

注 释

①保：保存。

②慈：慈爱。第四十一章曰："夫唯道，善贷而成。"

③俭：俭啬。第五十九章曰："治人事天，莫若啬。"

④不敢为天下先：不敢处于天下人的前面。第六十六章曰："圣人欲上民，必以言下之；欲先民，必以身后之。"

⑤慈，故能勇：慈爱，因此能够勇敢。《韩非子·解老》曰："爱子者慈于子，重生者慈于身，贵功者慈于事。慈母之于弱子也，务致其福，务致其福则事除其祸，事除其祸则思虑熟，思虑熟则得事理，得事理则必成

功，必成功则其行之也不疑，不疑之谓勇。圣人之于万事也，如慈母之为弱子虑也，故见必行之道；见必行之道，则其从事亦不疑。不疑之谓勇，不疑生于慈。故曰'慈，故能勇'。"

⑥俭，故能广：俭啬，因此能够宽广。《韩非子·解老》曰："万物必有盛衰，万事必有弛张；国家必有文武，官治必有赏罚。是以智士俭用其财则家富，圣人爱宝其神则精盛。人君重其战卒则民众，民众则国广。是以举之曰'俭，故能广'。"

⑦器长：万物之长。器，物。

⑧夫慈，以战则胜，以守则固：慈爱，用于进攻就胜利，用于守卫就稳固。《韩非子·解老》曰："慈于子者不敢绝衣食，慈于身者不敢离法度，慈于方圆者不敢舍规矩。故临兵而慈于士吏，则战胜敌；慈于器械，则城坚固。故曰'慈，于战则胜，以守则固'。"

译 文

我有三种宝贝，守持而保存着：第一种叫慈爱，第二种叫俭啬，第三种叫不敢处于天下人的前面。慈爱，因此能够勇敢；俭啬，因此能够宽广；不敢处于天下人的前面，因此能够成为万物之长。

现在舍弃慈爱而要勇敢，舍弃俭啬而要宽裕，舍弃退让而要争先，就是死路一条！

慈爱，用于进攻就胜利，用于守卫就稳固。天将要拯救他，就用慈爱保护他。

第六十八章

题 解

本章论述不争之德，重在议兵。

"不武""不怒"，是讲不能逞匹夫之勇，意气用事，争强好胜，因为，"善有果而已，不敢以取强。果而勿矜，果而勿伐，果而勿骄，果而不得已，果而勿强"（第三十章）。"不与""为之下"，是讲"以奇用兵"（第五十七章），谦恭用人，避免正面交锋，杀伤士卒，因为，"兵者不祥之器，非君子之器，不得已而用之，恬淡为上"（第三十一章）。只有在战争中坚持不争的原则，珍惜人力，这样才符合最高的自然之道。

原 文

善为士者^①，不武^②；善战者，不怒；善胜敌者，不与^③；善用人者，为之下。是谓不争之德，是谓用人之力，是谓配天^④，古之极也^⑤。

注 释

①士：卿士。这里指执政者，统帅。

②不武：不炫耀武力。

③不与：不相斗，不交战。

④配天：符合天道。配，合。

⑤极：极准，最高的法则。

译 文

善于当统帅的人，不炫耀武力；善于作战的人，不逞怒气；善于战胜敌人的人，不与敌人交战；善于用人的人，对人谦下。这就称为不争的品德，这就称为善于用人的能力，这就称为符合天道，是古代最高的法则。

第六十九章

题解

本章反对狂妄轻敌，发动战争，重在议兵。

从慈爱、俭啬、谦下的原则出发，作战不能主动侵略，可以被动防御；不能主动前进，可以被动撤退。因为，挑起战争，违背慈爱；纵兵抢掠，不合俭啬；主动进犯，傲然轻敌，如此丧失三宝，一定招致大祸。所以，受侵略的一方哀兵必定胜利。

原文

用兵有言："吾不敢为主^①，而为客^②；不敢进寸，而退尺。"是谓行无行^③，攘无臂^④，扔无敌^⑤，执无兵^⑥。

祸莫大于轻敌，轻敌几丧吾宝。

故抗兵相若^⑦，哀者胜矣^⑧。

注释

①主：主动，主动侵略。

②客：被动，被动防御。

③行无行：行军却没有行阵。

④攘无臂：奋起却没有挥臂。第三十八章曰："上德为之而莫之应，则攘臂而扔之。"

⑤扔无敌：交手却没有敌人。第六十八章曰："善胜敌者，不与。"以上四句，都是由此而来。

⑥执无兵：执握却没有兵器。

⑦抗兵相若：对抗的两军力量相当。

⑧哀者：悲哀的一方，指受攻击、受侵略的一方。

用兵的人说："我不敢主动侵略，而被动防御；不敢前进一寸，而要后退一尺。"这就是说，行军却没有行阵，奋起却没有挥臂，执握却没有兵器，交手却没有敌人。

灾祸没有比轻敌更大的了，轻敌几乎丧失我的三件宝贝。

所以，对抗的两军力量相当，一定是受侵略的悲哀的一方胜利。

第七十章

题 解

本章论行道之难，重在修身。

老子坚持的清静无为之道，有根据，有主旨，易知易行，然而，天下无人知，无人行，甚至连老子本人也知者甚少，无人理解。尽管如此，作为圣人还是要被褐怀玉，坚持行道，顺应自然，守护三宝。这是老子在乱世中流露出的寂寞、无奈和感叹！

原 文

吾言甚易知，甚易行。天下莫能知，莫能行。

言有宗①，事有君②。夫唯无知，是以不我知。

知我者希，则我者贵③。是以圣人被褐而怀玉④。

注 释

①宗：根本，根据。

②君：主，主旨。

③则我者贵：效法我的人难能可贵。则，法，效法。

④被褐而怀玉：身穿粗衣而胸怀美玉。褐，粗布衣。玉，指道家的思想主张。

译 文

我的话很容易知晓，很容易实行。而天下人却没有谁能够知晓，没有谁能够实行。

130

我说话有根据，我行事有主旨。因为天下人不了解这些，因此也就不了解我。

了解我的人很少，效法我的更是难能可贵。所以，圣人只能身穿粗衣而胸怀美玉。

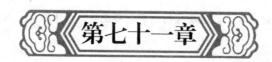

第七十一章

题 解

本章论述自知之明，重在修身。

天地万物是极其复杂的，即就是有所了解，也很可能是一知半解，不能自以为是，必须谨慎小心地探求，因此说，"知不知，尚矣"，这完全符合俭啬收敛的思想原则。同样，因为圣人有自知之明，能够正视祸患，认真对待，及时处置，也就没有祸患。反之，如果盲目自信，自以为是，强不知以为知，必然带来祸患。

原 文

知不知①，尚矣②；不知知③，病也④。圣人不病⑤，以其病病⑥。夫唯病病，是以不病。

注 释

①知不知：知道却自认为不知道。

②尚：上，最好。

③不知知：不知道却自认为都知道。

④病：患，祸患。

⑤不病：没有祸患。

⑥病病：知道祸患就是祸患。

译 文

知道却自认为不知道，就最好了；不

知道却自认为
都知道，就是祸患。圣
人没有祸患，是因为早已知道祸
患就是祸患，认真对待，及时处置。正因
为早已知道祸患就是祸患，认真对待，及时处理，所
以就没有祸患。

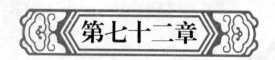

第七十二章

题 解

本章反对暴政，重在治国。

压迫愈重，反抗愈强，因此，到了百姓不怕暴政的时候，必然引来强烈的暴力反抗。因此，统治者必须以"慈爱""俭啬""不争"的态度治国，"无狎""无厌"，百姓就不会厌弃。只要圣人有自知之明，自爱之道，不自见，不自贵，就能够清静无为，长治久安。

原 文

民不畏威①，则大威至。

无狎其所居②，无厌其所生③。夫唯不厌，是以不厌④。

是以圣人自知不自见⑤，自爱不自贵⑥。故去彼取此。

注 释

①民不畏威：百姓不害怕暴力。威，力。七十四章曰："民不畏死，奈何以死惧之？"

②狎：通"狭"，狭窄，逼迫。

③厌：通"压"，压榨。下文"夫唯不厌"中"厌"与此同义。

④厌：厌恶。六十六章曰："是以圣人处上而民不重，处前而民不害。是以天下乐推而不厌。"

⑤自知不自见：自己知道而不自我表现。"见"同"现"。二十二章曰："不自见，故明；不自是，故彰；不自伐，故有功；不自矜，故长。"

⑥自爱不自贵：自我爱护而不自显高贵。

译　文

　　如果百姓不畏惧暴力，那么就会有更大的暴力到来。

　　不要逼迫百姓的处所，不要压榨百姓的生活。正因为不压榨百姓，因此百姓就不会厌恶他。

　　因此，圣人自己知道而不自我表现，自我爱护而不自显高贵。所以，要抛弃"自见""自贵"，采取"自知""自爱"。

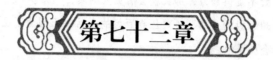

第七十三章

题解

本章论述俭啬不争，重在治国。

老子认为，治理国家凡是进取有为者会猝死，凡是谦让无为者就长存，这是俭啬不争的天道规律。天道就是不争、不言、自在、善谋，所以，大自然的网络无边无际，虽然稀疏却不会遗漏任何事物，一切都控制在道的规律之中。

原文

勇于敢则杀①，勇于不敢则活。此两者，或利或害。天之所恶，孰知其故？

天之道，不争而善胜，不言而善应，不召而自来，惮然而善谋②。

天网恢恢③，疏而不失④。

注释

①勇于敢：勇于进取。敢，进取。第九章曰："揣而锐之，不可长保。"第五十九章曰："治人事天，莫若啬。"第六十七章曰："今舍慈且勇，舍俭且广，舍后且先，死矣！"第七十六章曰："故坚强者死之徒，柔弱者生之徒。""杀"，死。

②惮：舒缓。

③天网恢恢：天网宽大无边。

④疏而不失：稀疏而无所遗漏。

勇于进取就死，勇于谦让就活。这二者，一个利一个害。天道厌恶一方，有谁知道其中的缘故？

　　自然的规律，不争夺而善于取胜，不说话而善于回应，不召唤而自己到来，舒展缓慢而善于谋划。

　　天网宽大无边，稀疏而无所遗漏。

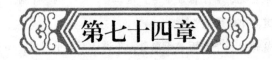

第七十四章

题解

本章反对刑杀，重在砭时。

百姓本不怕死，而统治者一味地以刑杀治国，以死来威胁百姓，是没有用处的，反而会招来强烈的反抗，即"民不畏威，则大威至"（第七十二章）。再说，人的生死顺应自然，寿命长短靠天道自然掌握，而统治者却要越俎代庖，主宰百姓命运，"代司杀者杀"，以暴政置人于死地，就必定受到百姓的报复。

原文

民不畏死，奈何以死惧之？若使民常畏死，而为奇者^①，吾得执而杀之，孰敢？

常有司杀者杀^②。夫代司杀者杀，是谓代大匠斫^③。夫代大匠斫者，希有不伤其手矣。

注释

①奇：正之反，邪恶。

②司杀者：负责行刑者，指天道、自然。

③斫：砍，削。

译文

百姓不怕死，为什么用死来使他们害怕呢？如果让百姓经常害怕死，对那些作恶的人，我就可以抓来杀了他，谁还敢干坏事？

本来有专管行刑的天道杀人。如果代替行刑的天道去杀人，就如同代替木匠去砍削。那代替木匠砍削的人，很少有不砍伤自己手的啊。

第七十五章

本章反对虐政，重在砭时。

老子深刻揭示了统治者食税多与民饥、有为与民难治、求生厚与民轻死的直接因果关系，从而坚决认定，造成尖锐社会矛盾的根本原因，就是统治者残酷盘剥和刑杀镇压的虐政。所以，老子进一步指出，淡泊名利、清静无为的人，比横征暴敛、骄奢淫逸、残酷镇压的统治者要高明得多。

原 文

民之饥，以其上食税之多，是以饥。民之难治，以其上之有为①，是以难治。民之轻死②，以其上求生之厚③，是以轻死。夫唯无以生为者④，是贤于贵生⑤。

注 释

①有为：无为的反面，有所作为非为。第十章曰："爱民治国，能无为乎？"第五十七章曰："我无为，而民自化。"第六十三章曰："为无为，事无事，味无味。"

②轻死：以死为轻，不怕死。

③求生之厚：养生丰厚，奉养奢华。

④无以生为者：不以养生为要务的人，即生活淡泊清静的人。

⑤贤于贵生：比奉养奢华的人要高明。

译 文

　　百姓的饥荒，是因为在上者侵吞赋税太多，所以造成饥荒。百姓难以治理，是因为在上者胡作非为，所以难以治理。百姓不怕死，是因为在上者养生丰厚，所以百姓冒死犯上。唯有生活淡泊清静的人，要比奉养奢华的人高明。

第七十六章

本章阐发贵柔戒刚思想，重在修身。

无论人或草木，柔软标志着成活，僵硬标志者死亡，由此，老子认为物壮则老，军队逞强，容易遭到反击而失败；树木长大，招致砍伐而折断。所以，表面强大者处于劣势，表面柔弱者处于优势，柔弱会战胜刚强。正如第四十三章曰："天下之至柔，驰骋天下之至坚。无有入无间。吾是以知无为之有益。"这就是老子一再把有道之士比作婴儿、赤子的道理。

原 文

人之生也柔弱①，其死也坚强②；草木之生也柔脆，其死也枯槁。故坚强者死之徒，柔弱者生之徒。

是以兵强则灭③，木强则折④；强大处下，柔弱处上。

注 释

①生也柔弱：活着身体柔软。

②死也坚强：死后身体僵硬。

③兵强则灭：军队逞强就要灭亡。第三十章曰："物壮则老，是谓不道。不道早已。"

④木强则折：树木长大就要砍伐折断。

译文

　　人活着身体柔软，死后身体僵硬；草木生长时柔脆，死后变得干硬。因此，坚硬强大的东西属于死亡一类，柔软弱小的东西属于生存一类。

　　所以，军队逞强就要失败灭亡，树木长大就要砍伐折断；强大者处于下方，柔弱者处于上方。

第七十七章

本章揭示"损不足以奉有余"的病态社会，重在砭时。

老子认为，天道是公平的，高、下，有余、不足，随时调节，正如第三十二章曰："天地相合，以降甘露，民莫之令而自均。"既然"人法地，地法天，天法道，道法自然"（第二十五章），人间的法则也应该如此。然而，恰恰相反，现实社会的情况却是弱肉强食，劫贫济富，压榨贫苦的百姓以奉养富贵的统治者。所以，老子向往"有余以奉天下"的有道者。

原 文

天之道，其犹张弓与？高者抑之，下者举之；有余者损之①，不足者补之。

天之道，损有余而补不足；人之道则不然②，损不足以奉有余。

孰能有余以奉天下？唯有道者。

注 释

①损：减少。

②人之道：社会的法则。

译 文

　　自然的规律，大概就像拉开弓弦射箭吧？弦位高了压低它，弦位低了举高它；用力大了减少它，用力不够补足它。

　　自然的规律，是减少多余的而弥补不足的；社会的法则就不是这样，是减少不足的而供养有余的。

　　谁能够用有余来供养天下的不足呢？只有得道的人。

　　以上几句与文义不合，疑为错简，当删。所以圣人培育万物而不倚仗，成就功业而不居功。他不愿意表现出自己的贤能。前两句已见于第二章。

第七十八章

本章论述以柔克刚，正言若反，重在修身。

老子这里再次以水为例，说明以弱胜强、以柔胜刚的道理。正如第八章曰："上善若水。水善利万物而不争，处众人之所恶，故几于道。"突出的就是像水一样的柔弱、慈爱、俭啬、谦下、不争的精神。关于"正言若反"，第老子一书有许多类似的文句，比如第四十一章曰："明道若昧，进道若退，夷道若纇。上德若谷，广德若不足，建德若偷，质真若渝。大白若辱，大方无隅，大器晚成。大音希声，大象无形，道隐无名。"第四十五章曰："大成若缺，其用不弊。大盈若冲，其用不穷。大直若屈，大巧若拙，大辩若讷，大赢若绌。"后者是表象，前者是实质，表面互相排斥，实际对立统一，就是这种"正言若反"，反映了老子对事物的辩证认识。本章所说弱之于强，柔之于刚，受国之垢之于社稷主，受国不祥之于天下王，与此同理。所谓"垢"、"不祥"，即第二十二章曰："曲则全，枉则直，洼则盈，敝则新，少则得，多则惑。"第三十九章曰："故贵以贱为本，高以下为基。是以侯王自称孤、寡、不谷。"第六十六章曰："江海所以能为百谷王者，以其善下之，故能为百

145

谷王。"指的是所有曲枉、柔弱、谦卑、低下的言行态度。唯其如此，才能成就功业。

原 文

天下莫柔弱于水，而攻坚强者莫之能胜，以其无以易之①。

弱之胜强，柔之胜刚，天下莫不知，莫能行。

是以圣人云："受国之垢②，是谓社稷主；受国不祥③，是为天下王。"正言若反④。

注 释

①易：取代。

②受国之垢：承受国家的耻辱。垢，耻辱。

③受国不祥：承受国家的灾难。

④正言若反：正面的语言却像反话。

译 文

天下没有比水更柔弱的了，但是冲击坚硬的东西没有能胜过水的，因为它是无可取代的。

弱胜过强，柔胜过刚，天下人没有不知，却没有人能够实行。

所以，圣人说："承受国家的耻辱，才能称为国家的君主；承受国家的灾难，才能称为天下的君王。"正面的语言却像反话。

第七十九章

题解

本章论述天道无亲，重在治国。

老子认为，"和大怨"，"报怨以德"，也不能从根本上解决问题，关键在于统治者爱民助民，而不扰民、不害民，不横征暴敛，不残酷压迫，从来不与百姓结怨，即第五十六章曰："故不可得而亲，不可得而疏；不可得而利，不可得而害；不可得而贵，不可得而贱。故为天下贵。"第六十六章曰："是以圣人处上而民不重，处前而民不害。是以天下乐推而不厌。"既然统治者对百姓无亲无疏、无利无害、无贵无贱，不重不害，还有什么怨恨需要调和解决呢？因此，"圣人执左契，而不责于人"。这就是"天地不仁"，"圣人不仁"（第五章），所以说"天道无亲，常与善人"，强调的还是顺应自然，无为而治。

原文

和大怨①，必有余怨，〔报怨以德②，〕安可以为善？

是以圣人执左契③，而不责于人④。有德司契⑤，无德司彻⑥。

天道无亲⑦，常与善人⑧。

注释

①和大怨：调和巨大的怨恨。

②报：报答。

③左契：债权人所执的券契（合同）。

④责：求，讨债。

⑤司契：主管券契。

⑥司彻：主管税收。

⑦无亲：没有私亲。第五章曰："天地不仁，以万物为刍狗；圣人不仁，以百姓为刍狗。"第五十六章曰："故不可得而亲，不可得而疏；不可得而利，不可得而害；不可得而贵，不可得而贱。"

⑧与：给与，帮助。

译 文

调和巨大的怨恨，必定有余留的怨恨，用德来报答怨恨，怎么可以说是做了好事呢？

因此，圣人拿着债权合同，而不向负债人讨债。有德的人就主管合同，无德的人就主管税收。

自然的规律是没有私亲的，要经常帮助善良的人。

第八十章

题 解

本章阐述"小国寡民"的社会理想，重在治国。

老子反对诸侯国以强凌弱、以大欺小的兼并战争，厌恶贫富对立、两极分化的社会现实，因此，在小农经济的基础上，提出"小国寡民"的社会主张：国家要小，百姓要少，不要对外扩张，不受他人兼并，自给自足，互不往来；衣食住行各个方面，不受外来干扰，固守传统不变，自安其俗，自得其乐；器具、车船、甲兵之类统统弃而不用，珍视生命，顺应自然，不听信盲从，不见异思迁，固守家园，终老一生，一切都恢复到远古单纯质朴的状态。显然，这是老子虚构的理想社会，完全符合他韬晦自保、避世全身的思想追求。

如果从反对压迫、反对战争的角度来说，这种理想显然具有进步意义，给人以美好的启迪和向往。但是，这种复古倒退的唯心设想，毕竟脱离社会实际，根本不能兑现。

原 文

小国寡民①。使有什伯之器而不用②，使民重死而不远徙③。虽有舟舆，无所乘之④；虽有甲兵，无所陈之⑤。使民复结绳而用之⑥。

甘其食⑦，美其服，安其居，乐其俗。邻国相望，鸡犬之声相闻，民至老死，不相往来。

注 释

①小国寡民：使国家小，使百姓少。

②什伯之器：各种各样的器具。什伯，即"什佰"。

③重死：与"轻死"相反，以死为重，怕死。第七十五章曰："民之轻死，以其上求生之厚，是以轻死。"

④无所乘之：没有乘坐远行的必要。

⑤无所陈之：没有列阵示威的必要。陈，通"阵"。

⑥结绳：指没有文字之前，用结绳来记事。

⑦甘其食：认为自己的饮食甜美。

译文

　　要使国家小，使百姓少。即使有各种各样的器具却不使用，使百姓重视死亡而不向远处迁徙。虽然有车船，没有乘坐远行的必要；虽然有武器，没有列阵示威的必要。要使百姓回复到用结绳记事的境况。

　　百姓都认为自己的饮食甜美，认为自己的衣服漂亮，认为自己的居所安适，认为自己的风俗快乐。毗邻的国家互相可以看见，鸡狗的叫声互相可以听见，而百姓直到老死，都互相不往来。

第八十一章

本章再次论述"利而不害，为而不争"的道理，将天道、人道、治国、修身联系在一起，总结全文。

老子认为，"信言""善者""知者"是纯厚质朴的，不需要"美""辩""博"之类文饰以自见。同样，圣人清心寡欲，清静无为，不需要搜刮索取，聚积财物，只是以尽力帮助、给予他人而求得自我的满足。所以，如同天道"利而不害"一样，人道的准则应该是"为而不争"。

原 文

信言不美①，美言不信②。

善者不辩③，辩者不善④。

知者不博⑤，博者不知⑥。

圣人不积⑦，既以为人⑧，己愈有；既以与人，己愈多。

天之道，利而不害；圣人之道，为而不争。

注 释

①信言：真实的话语。

②美言：华丽的言词。

③善者：善良的人。

④辩者：巧辩的人。

⑤知者：有真知的人。

⑥博者：广博的人。

⑦不积：不积累财物。

⑧既：尽，全部。

译文

真实的话语不华丽，华丽的言词不真实。

善良的人不巧辩，巧辩的人不善良。

有真知的人未必广博，广博的人未必有真知。

圣人不积累财物，尽力帮助他人，自己更富有；全部给予他人，自己更加多。

自然的法则，是利物而不害物；圣人的法则，是帮助而不争夺。